σχολείο - die Schule   2
ταξίδι - die Reise   5
μεταφορά - der Transport   8
πόλη - die Stadt   10
τοπίο - die Landschaft   14
εστιατόριο - das Restaurant   17
σούπερ μάρκετ - der Supermarkt   20
ποτά - die Getränke   22
φαγητό - das Essen   23
αγρόκτημα - der Bauernhof   27
σπίτι - das Haus   31
σαλόνι - das Wohnzimmer   33
κουζίνα - die Küche   35
μπάνιο - das Badezimmer   38
παιδικό δωμάτιο - das Kinderzimmer   42
ρούχα - die Kleidung   44
γραφείο - das Büro   49
οικονομία - die Wirtschaft   51
επαγγέλματα - die Berufe   53
εργαλεία - die Werkzeuge   56
μουσικά όργανα - die Musikinstrumente   57
ζωολογικός κήπος - der Zoo   59
αθλήματα - der Sport   62
δραστηριότητες - die Aktivitäten   63
οικογένεια - die Familie   67
σώμα - der Körper   68
νοσοκομείο - das Spital   72
έκτακτη ανάγκη - der Notfall   76
Γη - die Erde   77
ρολόι - die Uhr   79
εβδομάδα - die Woche   80
έτος - das Jahr   81
σχήματα - die Formen   83
χρώματα - die Farben   84
αντίθετα - die Gegenteile   85
αριθμοί - die Zahlen   88
γλώσσες - die Sprachen   90
ποιος / τι / πως - wer / was / wie   91
που - wo   92

Impressum
Verlag: BABADADA GmbH, Nedderfeld 112 , 22529 Hamburg
Geschäftsführer / Verlagsleitung: Harald Hof
Druck: Books on Demand GmbH, In de Tarpen 42, 22848 Norderstedt

Imprint
Publisher: BABADADA GmbH, Nedderfeld 112 , 22529 Hamburg, Germany
Managing Director / Publishing direction: Harald Hof
Print: Books on Demand GmbH, In de Tarpen 42, 22848 Norderstedt

σχολείο
die Schule

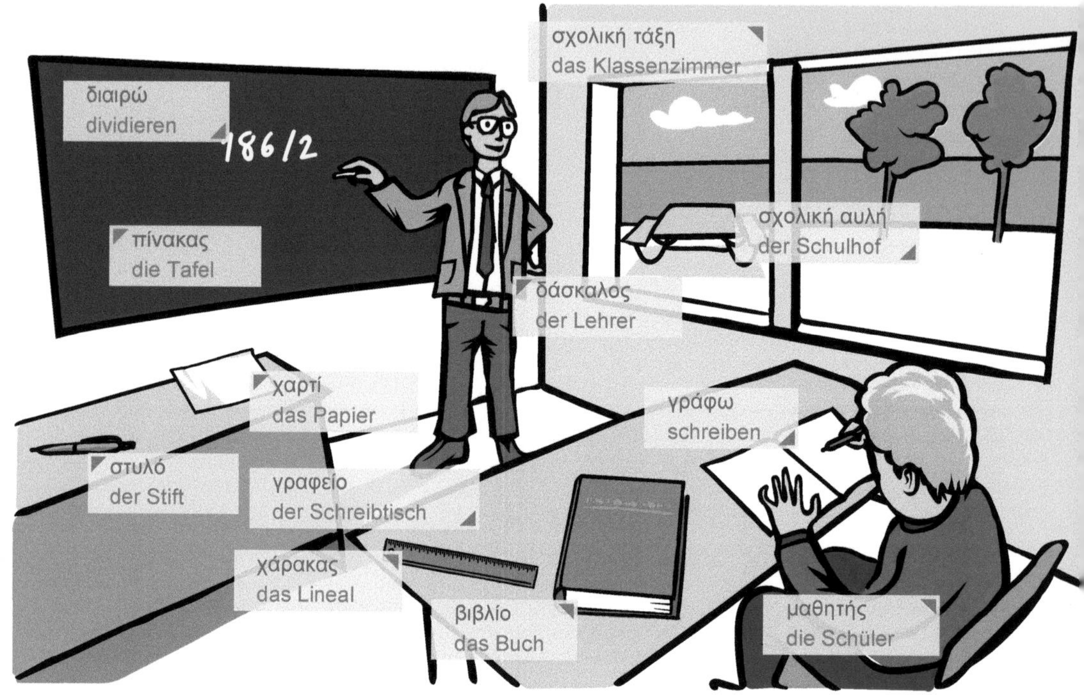

σχολική τάξη
das Klassenzimmer

διαιρώ
dividieren

186/2

πίνακας
die Tafel

σχολική αυλή
der Schulhof

δάσκαλος
der Lehrer

χαρτί
das Papier

γράφω
schreiben

στυλό
der Stift

γραφείο
der Schreibtisch

χάρακας
das Lineal

βιβλίο
das Buch

μαθητής
die Schüler

σχολική τσάντα
die Schultasche

κασετίνα/ μολυβοθήκη
die Federmappe

μολύβι
der Bleistift

ξύστρα
der Bleistiftspitzer

γόμα
der Radierer

μπλοκ ζωγραφικής
der Zeichenblock

ζωγραφική

die Zeichnung

πινέλο

der Pinsel

κουτί χρωμάτων

der Malkasten

ψαλίδι

die Schere

κόλλα

der Klebstoff

τετράδιο ασκήσεων

das Übungsheft

εργασία για το σπίτι

die Hausübung

αριθμός

die Zahl

προσθέτω

addieren

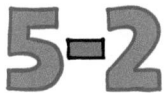

αφαιρώ

subtrahieren

πολλαπλασιάζω

multiplizieren

υπολογίζω

rechnen

γράμμα

der Buchstabe

αλφάβητο

das Alphabet

λέξη

das Wort

σχολείο - die Schule

3

κείμενο

der Text

διαβάζω

lesen

κιμωλία

die Kreide

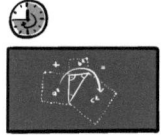

μάθημα

die Unterrichtsstunde

εγγράφομαι

das Klassenbuch

τεστ

die Prüfung

πιστοποιητικό

das Zeugnis

μαθητική στολή

die Schuluniform

εκπαίδευση

die Ausbildung

εγκυκλοπαίδεια

das Lexikon

πανεπιστήμιο

die Universität

μικροσκόπιο

das Mikroskop

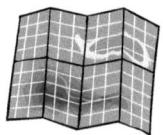

χάρτης

die Karte

καλάθι αχρήστων

der Papierkorb

ταξίδι
die Reise

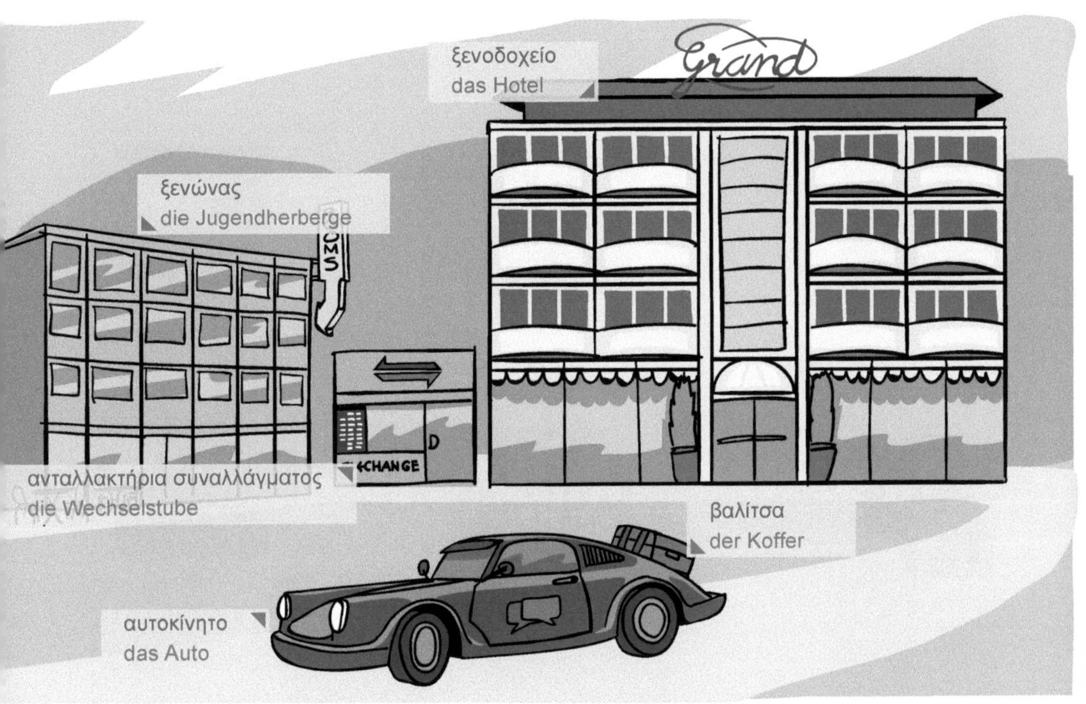
ξενοδοχείο
das Hotel
Grand
ξενώνας
die Jugendherberge
ανταλλακτήρια συναλλάγματος
die Wechselstube
βαλίτσα
der Koffer
αυτοκίνητο
das Auto

γλώσσα

die Sprache

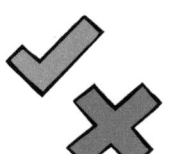

ναι / όχι

ja / nein

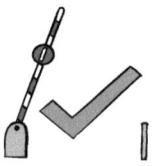

εντάξει

Okay

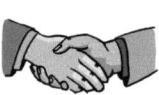

γεια σου

Hallo

μεταφραστής

die Dolmetscherin

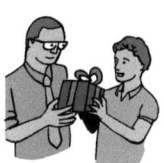

Ευχαριστώ

Danke

πόσο κάνει ;

Wie viel kostet …?

Δε καταλαβαίνω

Ich verstehe nicht.

πρόβλημα

das Problem

Καλησπέρα!

Guten Abend!

Καλημέρα!

Guten Morgen!

Καληνύχτα!

Gute Nacht!

Αντίο

Auf Wiederschaun!

κατεύθυνση

die Richtung

αποσκευές

das Gepäck

τσάντα

die Tasche

σακίδιο πλάτης

der Rucksack

καλεσμένος

der Gast

δωμάτιο

das Zimmer

υπνόσακος

der Schlafsack

σκηνή

das Zelt

ταξίδι - die Reise

τουριστικές πληροφορίες

die Touristeninformation

παραλία

der Strand

πιστωτική κάρτα

die Kreditkarte

πρωινό

das Frühstück

μεσημεριανό

das Mittagessen

δείπνο

das Abendessen

εισιτήριο

die Fahrkarte

ανελκυστήρας

der Lift

γραμματόσημο

die Briefmarke

σύνορα

die Grenze

τελωνείο

der Zoll

πρεσβεία

die Botschaft

βίζα

das Visum

διαβατήριο

der Pass

ταξίδι - die Reise

μεταφορά
der Transport

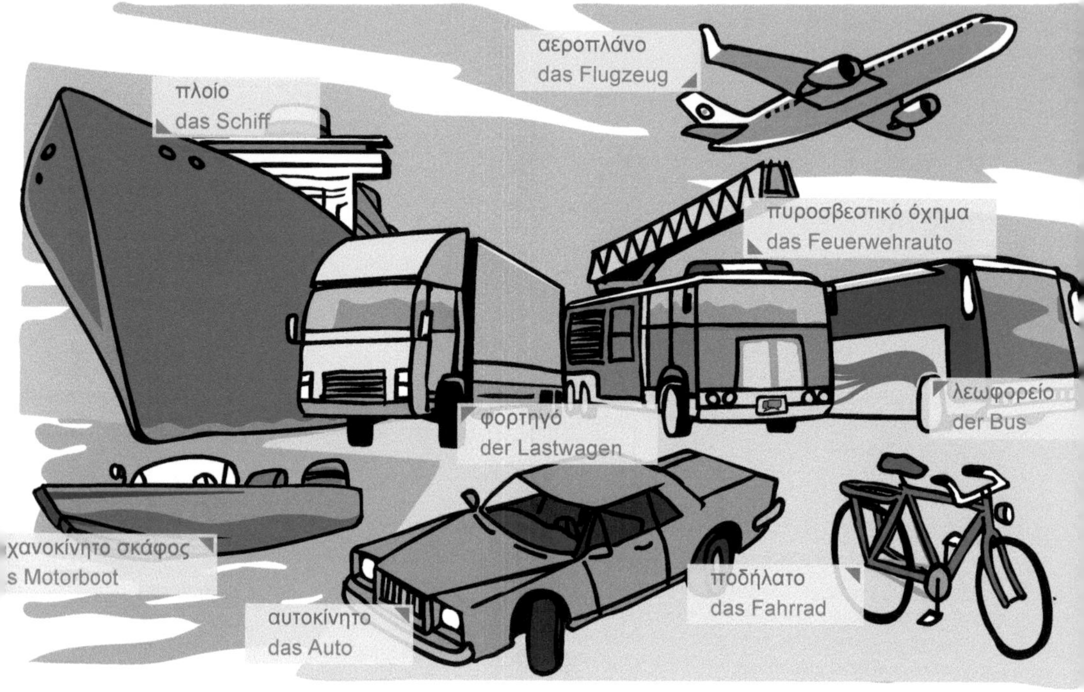

αεροπλάνο
das Flugzeug
πλοίο
das Schiff
πυροσβεστικό όχημα
das Feuerwehrauto
λεωφορείο
der Bus
φορτηγό
der Lastwagen
χανοκίνητο σκάφος
s Motorboot
ποδήλατο
das Fahrrad
αυτοκίνητο
das Auto

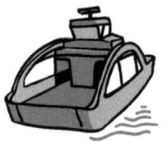

φεριμπότ
....
die Fähre

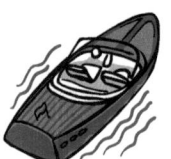

βάρκα
....
das Boot

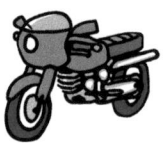

μοτοσικλέτα
....
das Motorrad

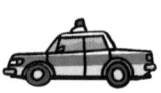

περιπολικό
....
das Polizeiauto

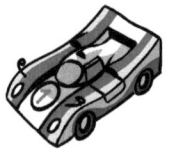

αγωνιστικό αυτοκίνητο
....
das Rennauto

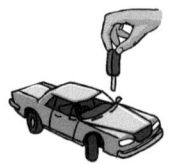

ενοικιαζόμενο αυτοκίνητο
....
der Mietwagen

διαμοιρασμός αυτοκινήτων

das Carsharing

γερανός

der Abschleppwagen

απορριμματοφόρο

der Müllwagen

κινητήρας

der Motor

καύσιμο

der Kraftstoff

βενζινάδικο

die Tankstelle

πινακίδα σήμανσης

das Verkehrsschild

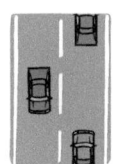

κυκλοφορία

der Verkehr

κυκλοφοριακή συμφόρηση

der Stau

χώρος στάθμευσης

der Parkplatz

σιδηροδρομικός σταθμός

der Bahnhof

σιδηροδρομικές γραμμές

die Schienen

τρένο

der Zug

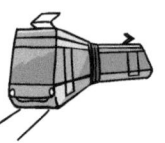

τραμ

die Straßenbahn

βαγόνι

der Wagon

ελικόπτερο
der Hubschrauber

αεροδρόμιο
der Flughafen

πύργος
der Tower

επιβάτης
der Passagier

εμπορευματοκιβώτιο
der Container

χαρτοκιβώτιο
der Karton

καρότσι
der Rollwagen

καλάθι
der Korb

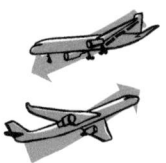

απογειώνομαι /
προσγειόνομαι
starten / landen

πόλη
die Stadt

χωριό
das Dorf

κέντρο της πόλης
das Stadtzentrum

σπίτι
das Haus

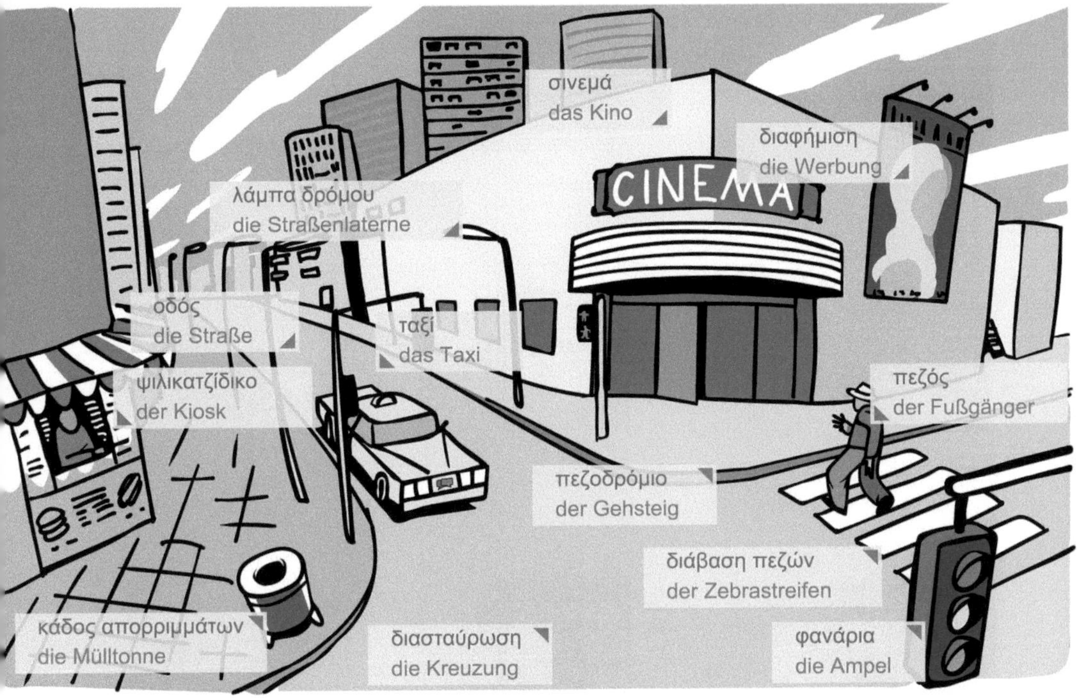

σινεμά
das Kino

διαφήμιση
die Werbung

λάμπα δρόμου
die Straßenlaterne

CINEMA

οδός
die Straße

ταξί
das Taxi

ψιλικατζίδικο
der Kiosk

πεζός
der Fußgänger

πεζοδρόμιο
der Gehsteig

διάβαση πεζών
der Zebrastreifen

κάδος απορριμμάτων
die Mülltonne

διασταύρωση
die Kreuzung

φανάρια
die Ampel

καλύβα
die Hütte

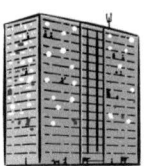

διαμέρισμα
die Wohnung

σιδηροδρομικός σταθμός
der Bahnhof

δημαρχείο
das Rathaus

μουσείο
das Museum

σχολείο
die Schule

πανεπιστήμιο

die Universität

τράπεζα

die Bank

νοσοκομείο

das Spital

ξενοδοχείο

das Hotel

φαρμακείο

die Apotheke

γραφείο

das Büro

βιβλιοπωλείο

die Buchhandlung

κατάστημα

das Geschäft

ανθοπωλείο

der Blumenladen

σούπερ μάρκετ

der Supermarkt

αγορά

der Markt

πολυκατάστημα

das Kaufhaus

ιχθυοπωλείο

der Fischhändler

εμπορικό κέντρο

das Einkaufszentrum

λιμάνι

der Hafen

πάρκο

der Park

παγκάκι

die Bank

γέφυρα

die Brücke

σκάλες

die Stiege

μετρό

die U-Bahn

τούνελ

der Tunnel

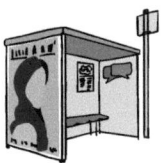

στάση λεωφορείου

die Bushaltestelle

μπαρ

die Bar

εστιατόριο

das Restaurant

γραμματοκιβώτιο

der Briefkasten

πινακίδα δρόμου

das Straßenschild

παρκόμετρο

die Parkuhr

ζωολογικός κήπος

der Zoo

πισίνα

die Badeanstalt

τζαμί

die Moschee

αγρόκτημα

der Bauernhof

ρύπανση

die Umweltverschmutzung

νεκροταφείο

der Friedhof

εκκλησία

die Kirche

παιδική χαρά

der Spielplatz

ναός

der Tempel

τοπίο
die Landschaft

φύλλο
das Blatt

πινακίδα κατεύθυνσης
der Wegweiser

δρόμος
der Weg

λιβάδι
die Wiese

πέτρα
der Stein

δέντρο
der Baum

πεζοπόρος
der Wanderer

ποτάμι
der Fluss

χορτάρι
das Gras

λουλούδι
die Blume

κοιλάδα

das Tal

λόφος

der Hügel

λίμνη

der See

δάσος

der Wald

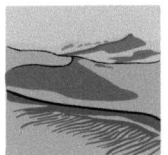

έρημος

die Wüste

ηφαίστειο

der Vulkan

κάστρο

das Schloss

ουράνιο τόξο

der Regenbogen

μανιτάρι

der Pilz

φοίνικας

die Palme

κουνούπι

der Moskito

μύγα

die Fliege

μυρμήγκι

die Ameise

μέλισσα

die Biene

αράχνη

die Spinne

τοπίο - die Landschaft

σκαθάρι

der Käfer

βάτραχος

der Frosch

σκίουρος

das Eichhörnchen

σκαντζόχοιρος

der Igel

λαγός

der Hase

κουκουβάγια

die Eule

πουλί

die Vogel

κύκνος

der Schwan

αγριογούρουνο

das Wildschwein

ελάφι

der Hirsch

άλκη

der Elch

φράγμα

der Staudamm

ανεμογεννήτρια

das Windrad

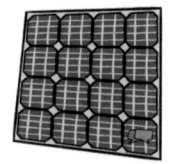

ηλιακός συλλέκτης

das Solarmodul

κλίμα

das Klima

εστιατόριο
das Restaurant

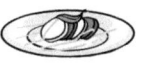

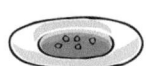

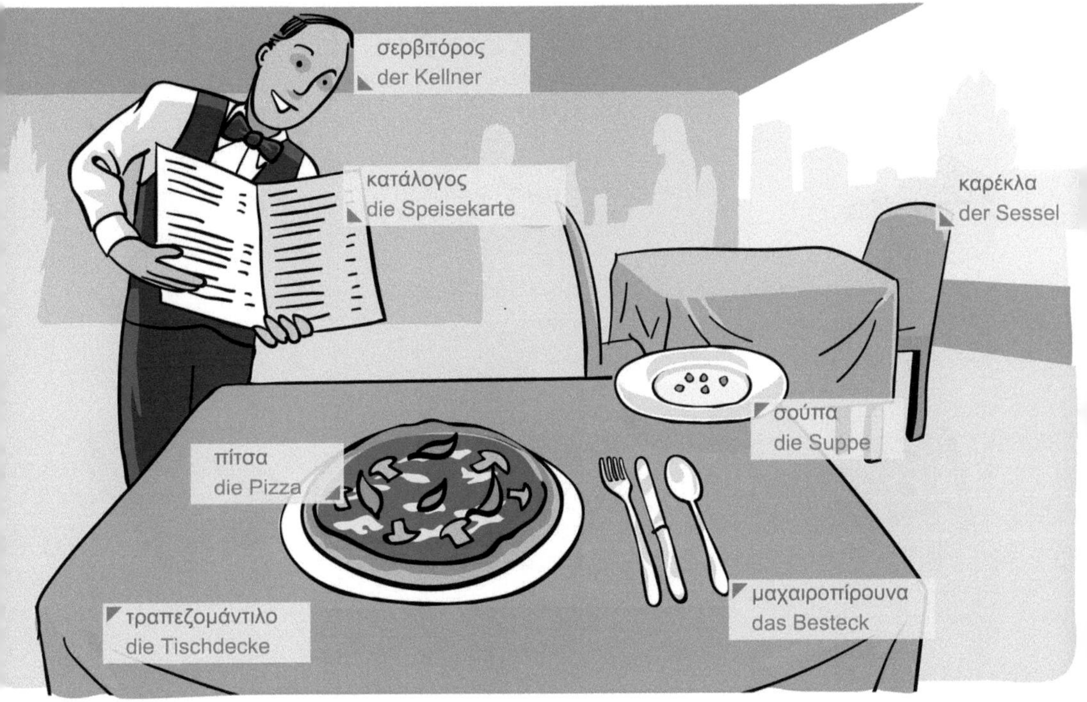
σερβιτόρος
der Kellner
κατάλογος
die Speisekarte
καρέκλα
der Sessel
σούπα
die Suppe
πίτσα
die Pizza
μαχαιροπίρουνα
das Besteck
τραπεζομάντιλο
die Tischdecke

ορεκτικό

die Vorspeise

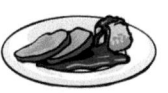

κύριο πιάτο

das Hauptgericht

επιδόρπιο

die Nachspeise

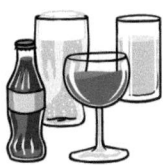

ποτά

die Getränke

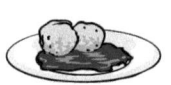

φαγητό

das Essen

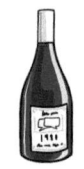

μπουκάλι

die Flasche

φαστ φουντ

das Fastfood

φαγητό στ' όρθιο

das Streetfood

τσαγιέρα

die Teekanne

δοχείο ζάχαρης

die Zuckerdose

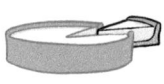

μερίδα

die Portion

μηχανή εσπρέσο

die Espressomaschine

ψηλή καρέκλα

der Kinderstuhl

λογαριασμός

die Rechnung

δίσκος

das Tablett

μαχαίρι

das Messer

πιρούνι

die Gabel

κουτάλι

der Löffel

κουταλάκι του τσαγιού

der Teelöffel

πετσέτα φαγητού

die Serviette

ποτήρι

das Glas

πιάτο

der Teller

πιάτο σούπας

der Suppenteller

πιατάκι φλιτζανιού

die Untertasse

σάλτσα

die Sauce

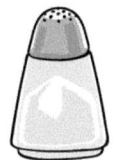

αλατιέρα

der Salzstreuer

μύλος για πιπέρι

die Pfeffermühle

ξύδι

der Essig

λάδι

das Öl

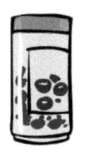

μπαχαρικά

die Gewürze

κέτσαπ

das Ketchup

μουστάρδα

der Senf

μαγιονέζα

die Mayonnaise

σούπερ μάρκετ
der Supermarkt

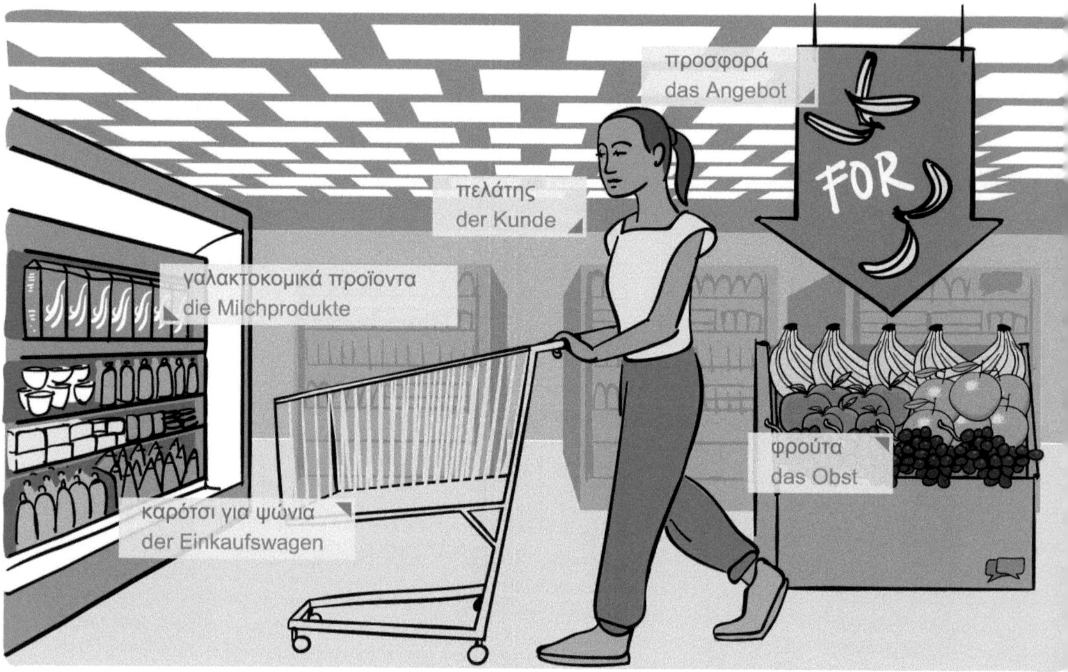

προσφορά
das Angebot
FOR
πελάτης
der Kunde
γαλακτοκομικά προϊόντα
die Milchprodukte
φρούτα
das Obst
καρότσι για ψώνια
der Einkaufswagen

BUTCHERS

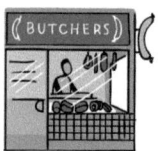

κρεοπωλείο

die Schlachterei

BAKERY

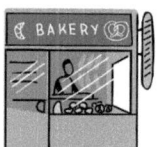

φούρνος

die Bäckerei

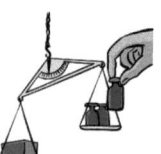

ζυγίζω

wiegen

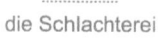

λαχανικά

das Gemüse

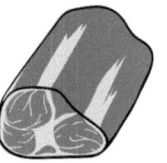

κρέας

das Fleisch

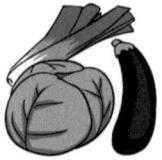

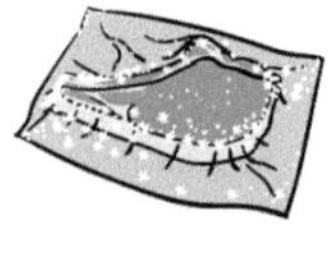

κατεψυγμένα τρόφιμα

die Tiefkühlkost

αλλαντικά

der Aufschnitt

κονσερβοποιημένη τροφή

die Konserven

απορρυπαντικό ρούχων

das Waschmittel

γλυκά

die Süßigkeiten

οικιακά είδη

die Haushaltsartikel

καθαριστικά προϊόντα

das Reinigungsmittel

πωλήτρια

die Verkäuferin

ταμείο

die Kassa

ταμίας

die Kassiererin

λίστα για ψώνια

die Einkaufsliste

ωράριο λειτουργίας

die Öffnungszeiten

πορτοφόλι

die Brieftasche

πιστωτική κάρτα

die Kreditkarte

τσάντα

die Tasche

πλαστική σακούλα

die Plastiktüte

νερό

das Wasser

χυμός

der Saft

γάλα

die Milch

κόκα κόλα

die Cola

κρασί

der Wein

μπίρα

das Bier

αλκοόλ

der Alkohol

κακάο

der Kakao

τσάι

der Tee

καφές

der Kaffee

εσπρέσο

der Espresso

καπουτσίνο

der Cappuccino

μπανάνα

die Banane

μήλο

der Apfel

πορτοκάλι

die Orange

πεπόνι

die Melone

λεμόνι

die Zitrone

καρότο

die Karotte

σκόρδο

der Knoblauch

μπαμπού

der Bambus

κρεμμύδι

die Zwiebel

μανιτάρι

der Pilz

ξηροί καρποί

die Nüsse

νουντλς

die Nudeln

μακαρόνια
die Spaghetti

ρύζι
der Reis

σαλάτα
der Salat

πατατάκια
die Pommes frites

τηγανητές πατάτες
die Bratkartoffeln

πίτσα
die Pizza

χάμπουργκερ
der Hamburger

σάντουιτς
das Sandwich

κοτολέτα
das Schnitzel

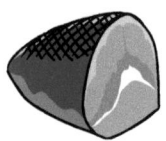

ζαμπόν
der Schinken

σαλάμι
die Salami

λουκάνικο
die Wurst

κοτόπουλο
das Huhn

ψητό
der Braten

ψάρι
der Fisch

φαγητό - das Essen

χυλός βρώμης

die Haferflocken

μούσλι

das Müsli

κορν φλέικς

die Cornflakes

αλεύρι

das Mehl

κρουασάν

das Croissant

ψωμάκι

die Semmel

ψωμί

das Brot

τοστ

der Toast

μπισκότα

die Kekse

βούτυρο

die Butter

τυρόπηγμα

der Topfen

κέικ

der Kuchen

αυγό

das Ei

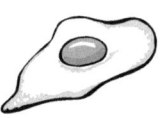

τηγανητό αυγό

das Spiegelei

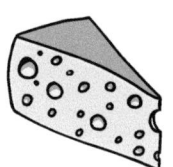

τυρί

der Käse

φαγητό - das Essen

παγωτό

die Eiscreme

ζάχαρη

der Zucker

μέλι

der Honig

μαρμελάδα

die Marmelade

άλλειμμα σοκολάτας

der Schokoladenaufstrich

κάρυ

das Curry

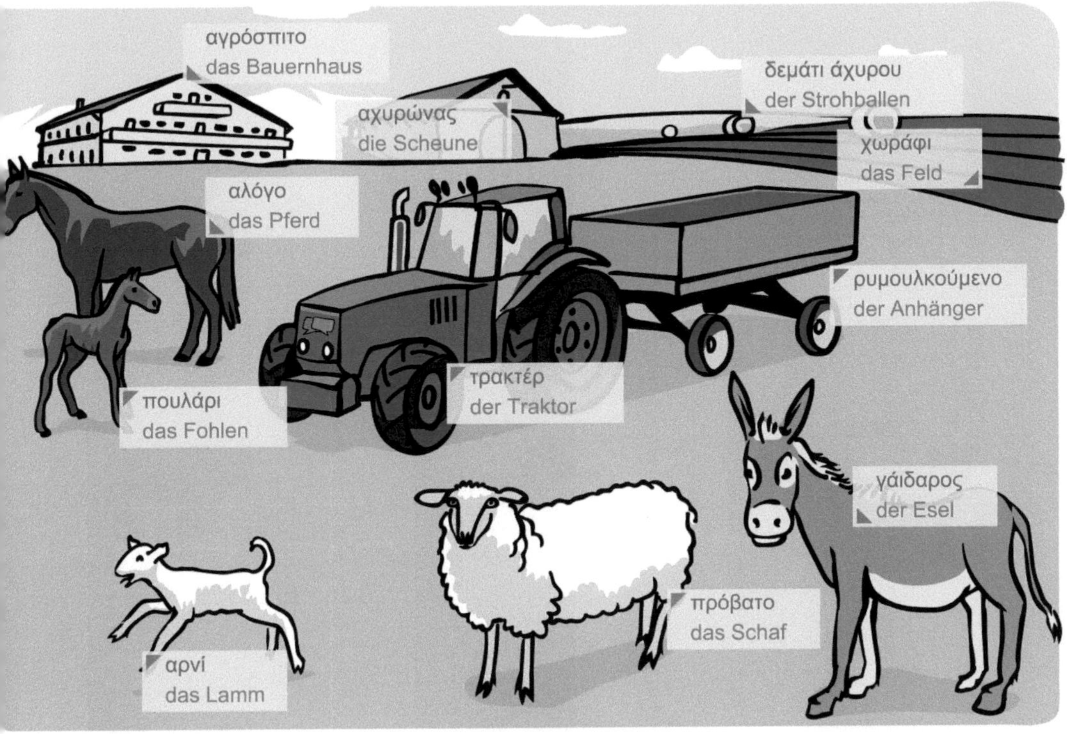

αγρόσπιτο
das Bauernhaus

δεμάτι άχυρου
der Strohballen

αχυρώνας
die Scheune

χωράφι
das Feld

αλόγο
das Pferd

ρυμουλκούμενο
der Anhänger

πουλάρι
das Fohlen

τρακτέρ
der Traktor

γάιδαρος
der Esel

πρόβατο
das Schaf

αρνί
das Lamm

κατσίκα

die Ziege

αγελάδα

die Kuh

μοσχαράκι

das Kalb

γουρούνι

das Schwein

γουρουνάκι

das Ferkel

ταύρος

der Stier

χήνα
die Gans

πάπια
die Ente

κοτοπουλάκι
das Küken

κότα
das Huhn

κόκορας
der Hahn

αρουραίος
die Ratte

γάτα
die Katze

ποντίκι
die Maus

βόδι
der Ochse

σκύλος
der Hund

σπιτάκι σκύλου
die Hundehütte

λάστιχο κήπου
der Gartenschlauch

ποτιστήρι
die Gießkanne

θεριστήρι
die Sense

αλέτρι
der Pflug

αγρόκτημα - der Bauernhof

δρεπάνι

die Sichel

τσάπα

die Hacke

δίκρανο

die Mistgabel

τσεκούρι

die Axt

χειράμαξα

die Schubkarre

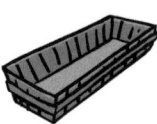

ταΐστρα

der Trog

δοχείο γάλακτος

die Milchkanne

σάκος

der Sack

φράχτης

der Zaun

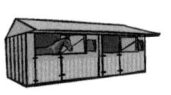

στάβλος

der Stall

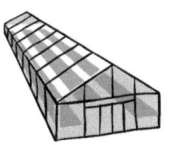

θερμοκήπιο

das Treibhaus

έδαφος

der Boden

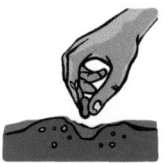

σπόρος

die Saat

λίπασμα

der Dünger

θεριζοαλωνιστική μηχανή

der Mähdrescher

αγρόκτημα - der Bauernhof

θερίζω
ernten

συγκομιδή
die Ernte

γιαμς
die Yamswurzel

σιτάρι
der Weizen

σόγια
das Soja

πατάτα
der Erdapfel

καλαμπόκι
der Mais

κράμβη
der Raps

οπωροφόρο δέντρο
der Obstbaum

μανιόκα
der Maniok

δημητριακά
das Getreide

σπίτι

das Haus

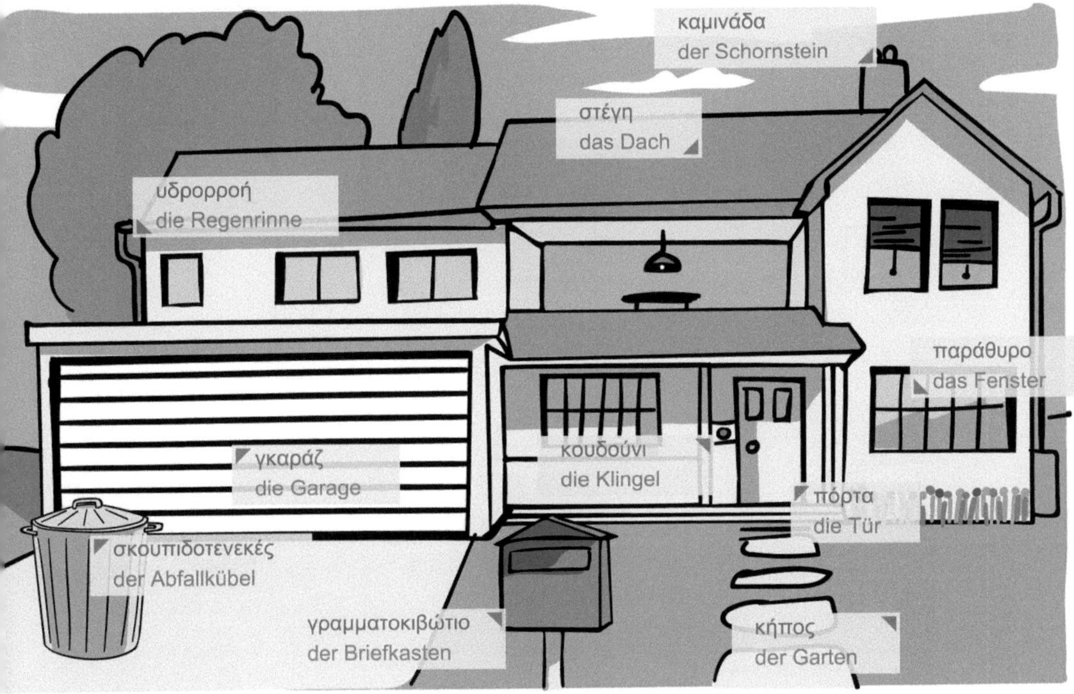

καμινάδα
der Schornstein
στέγη
das Dach
υδρορροή
die Regenrinne
παράθυρο
das Fenster
γκαράζ
die Garage
κουδούνι
die Klingel
πόρτα
die Tür
σκουπιδοτενεκές
der Abfallkübel
γραμματοκιβώτιο
der Briefkasten
κήπος
der Garten

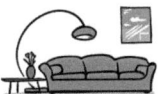

σαλόνι
....
das Wohnzimmer

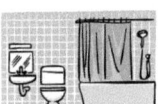

μπάνιο
....
das Badezimmer

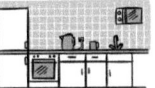

κουζίνα
....
die Küche

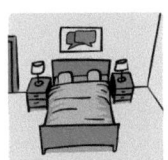

υπνοδωμάτιο
....
das Schlafzimmer

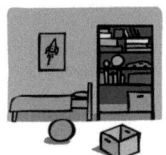

παιδικό δωμάτιο
....
das Kinderzimmer

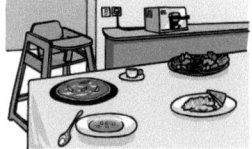

τραπεζαρία
....
das Esszimmer

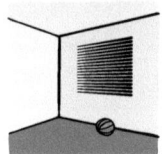

πάτωμα

der Boden

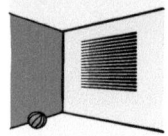

τοίχος

die Wand

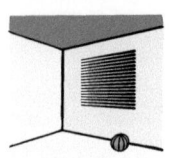

οροφή

die Decke

κελάρι

der Keller

σάουνα

die Sauna

μπαλκόνι

der Balkon

βεράντα

die Terrasse

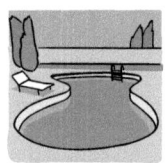

πισίνα

das Schwimmbad

μηχανή του γκαζόν

der Rasenmäher

σεντόνι

der Bettbezug

κάλυμμα κρεβατιού

die Bettdecke

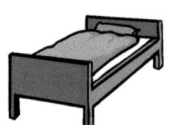

κρεβάτι

das Bett

σκούπα

der Besen

κουβάς

der Kübel

διακόπτης

der Schalter

σαλόνι
das Wohnzimmer

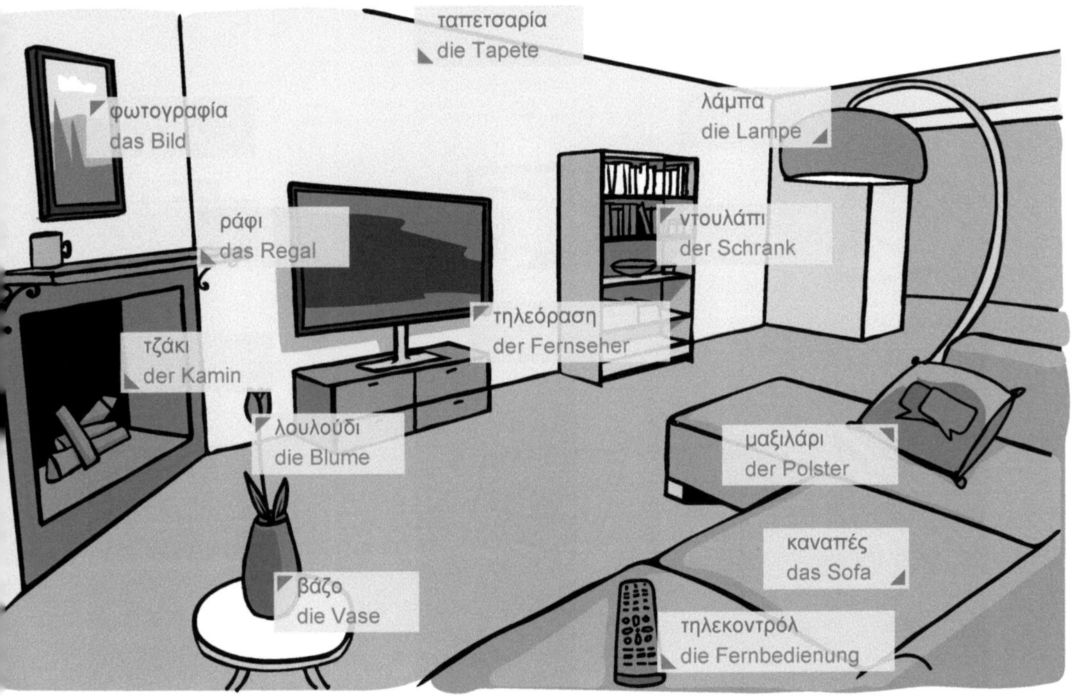

ταπετσαρία
die Tapete
φωτογραφία
das Bild
λάμπα
die Lampe
ράφι
das Regal
ντουλάπι
der Schrank
τηλεόραση
der Fernseher
τζάκι
der Kamin
λουλούδι
die Blume
μαξιλάρι
der Polster
καναπές
das Sofa
βάζο
die Vase
τηλεκοντρόλ
die Fernbedienung

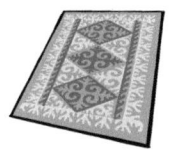

χαλί
der Teppich

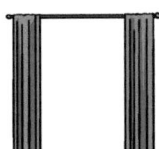

κουρτίνα
der Vorhang

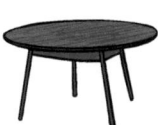

τραπέζι
der Tisch

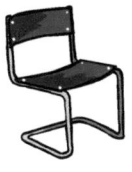

καρέκλα
der Sessel

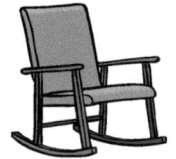

κουνιστή πολυθρόνα
der Schaukelstuhl

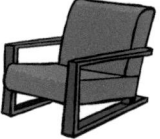

πολυθρόνα
der Sessel

βιβλίο

das Buch

κουβέρτα

die Decke

διακόσμηση

die Dekoration

καυσόξυλα

das Feuerholz

ταινία

der Film

στερεοφωνικό σύστημα

die Stereoanlage

κλειδί

der Schlüssel

εφημερίδα

die Zeitung

πίνακας ζωγραφικής

das Gemälde

αφίσα

das Poster

ραδιόφωνο

das Radio

σημειωματάριο

der Notizblock

ηλεκτρική σκούπα

der Staubsauger

κάκτος

der Kaktus

κερί

die Kerze

κουζίνα
die Küche

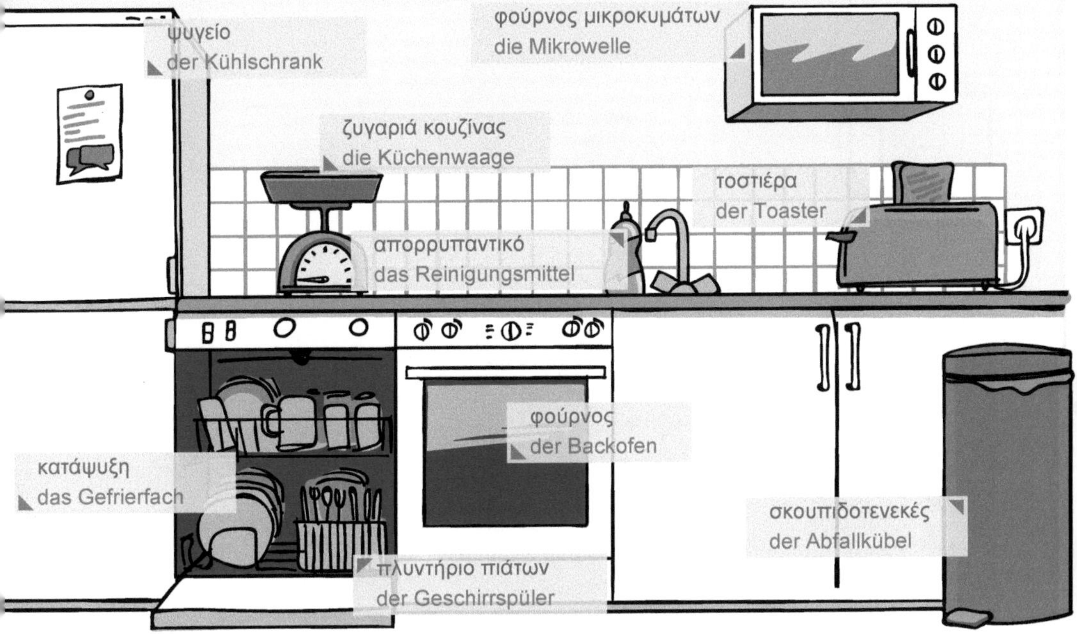
ψυγείο
der Kühlschrank
φούρνος μικροκυμάτων
die Mikrowelle
ζυγαριά κουζίνας
die Küchenwaage
τοστιέρα
der Toaster
απορρυπαντικό
das Reinigungsmittel
φούρνος
der Backofen
κατάψυξη
das Gefrierfach
σκουπιδοτενεκές
der Abfallkübel
πλυντήριο πιάτων
der Geschirrspüler

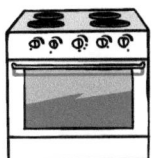

κουζίνα
der Herd

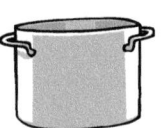

κατσαρόλα
der Topf

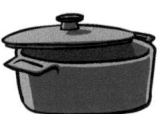

μαντεμένια κατσαρόλα
der Eisentopf

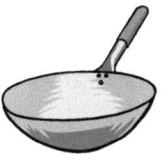

γουόκ/καντάι
der Wok / Kadai

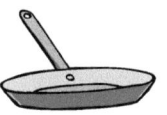

τηγάνι
die Pfanne

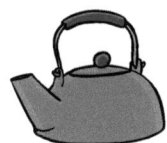

βραστήρας
der Wasserkocher

αταμομάγειρας

der Dampfgarer

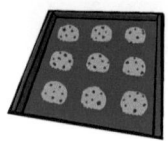

ταψί

das Backblech

πιατικά

das Geschirr

κούπα

der Becher

μπολ

die Schale

ξυλάκια

die Essstäbchen

κουτάλα

der Schöpflöffel

σπάτουλα

der Pfannenwender

ανακατεύω

der Schneebesen

σουρωτήρι

das Kochsieb

σουρωτηράκι

das Sieb

τρίφτης

die Reibe

γουδί

der Mörser

ψησταριά

der Grill

ανοιχτή φωτιά

das Kaminfeuer

σανίδα κοπής

das Schneidebrett

πλάστης

das Nudelholz

ανοιχτήρι φελλών

der Korkenzieher

κονσέρβα

die Dose

ανοιχτήρι κονσέρβας

der Dosenöffner

γάντι φούρνου

der Topflappen

νεροχύτης

das Waschbecken

βούρτσα

die Bürste

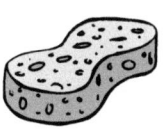

σφουγγάρι

der Schwamm

μπλέντερ

der Mixer

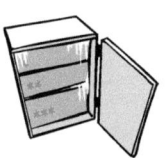

καταψύκτης

die Gefriertruhe

μπιμπερό

die Babyflasche

βρύση

der Wasserhahn

das Badezimmer

θέρμανση
die Heizung

ντους
die Dusche

πετσέτα
das Handtuch

κουρτίνα ντουζ
der Duschvorhang

αφρόλουτρο
das Schaumbad

μπανιέρα
die Badewanne

ποτήρι
das Glas

πλυντήριο ρούχων
die Waschmaschine

βρύση
der Wasserhahn

πλακάκια
die Fliesen

γιογιό
der Nachttopf

νεροχύτης
das Waschbecken

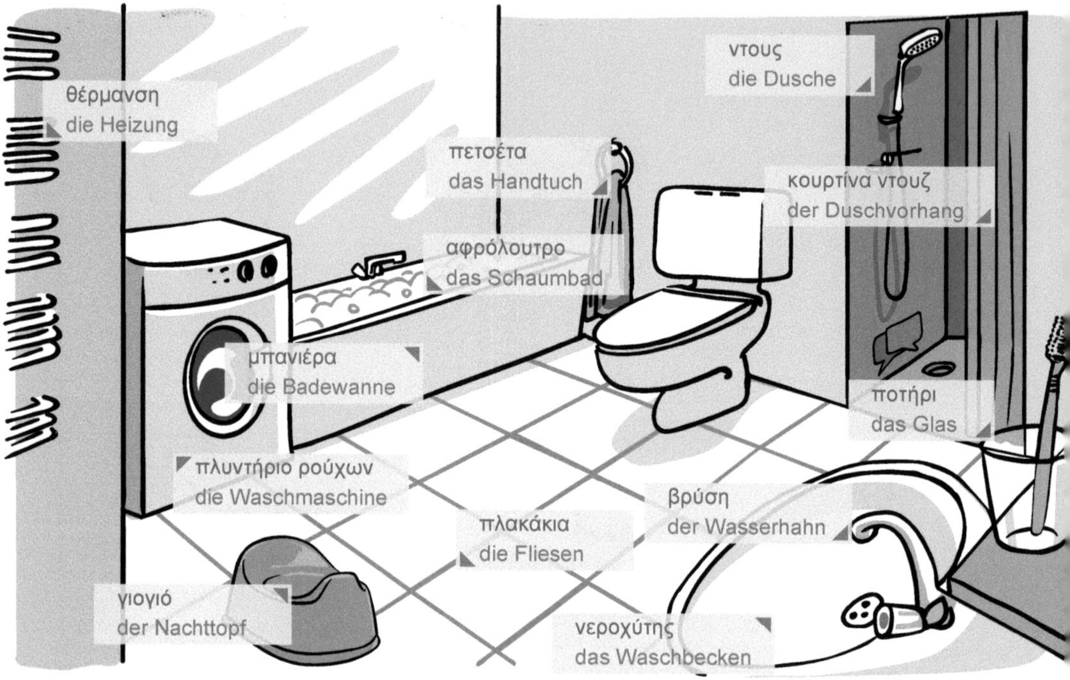

τουαλέτα
das Klo

τούρκικη τουαλέτα
die Hocktoilette

μπιντές
das Bidet

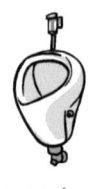

ουρητήριο
das Pissoir

χαρτί υγείας
das Klopapier

πιγκάλ
die Klobürste

οδοντόβουρτσα
die Zahnbürste

οδοντόκρεμα
die Zahnpasta

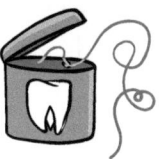

οδοντικό νήμα
die Zahnseide

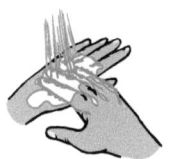

πλένω
waschen

τηλέφωνο ντους
die Handbrause

ντουσιέρα
die Intimdusche

λεκάνη
die Waschschüssel

βούρτσα πλάτης
die Rückenbürste

σαπούνι
die Seife

αφρόλουτρο
das Duschgel

σαμπουάν
das Shampoo

φανέλα
der Waschlappen

σιφόνι
der Abfluss

κρέμα
die Creme

αποσμητικό
das Deodorant

καθρέφτης

der Spiegel

καθρέφτης χειρός

der Kosmetikspiegel

ξυραφάκι

der Rasierer

αφρός ξυρίσματος

der Rasierschaum

αφτερσέιβ

das Rasierwasser

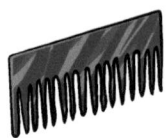

χτένα

der Kamm

βούρτσα

die Bürste

σεσουάρ

der Föhn

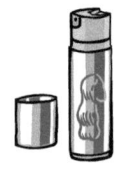

λακ

das Haarspray

μακιγιάζ

das Makeup

κραγιόν

der Lippenstift

βερνίκι νυχιών

der Nagellack

βαμβάκι

die Watte

ψαλίδι νυχιών

die Nagelschere

άρωμα

das Parfum

νεσεσέρ

der Kulturbeutel

σκαμπό

der Hocker

ζυγαριά

die Waage

μπουρνούζι

der Bademantel

ελαστικά γάντια

die Gummihandschuhe

ταμπόν

das Tampon

πετσέτα υγιεινής

die Damenbinde

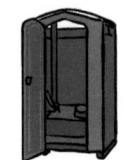

χημική τουαλέτα

die Chemietoilette

παιδικό δωμάτιο
das Kinderzimmer

ξυπνητήρι
der Wecker
λούτρινο ζωάκι
das Kuscheltier
αυτοκινητάκι
das Spielzeugauto
κουδουνίστρα
die Rassel
κουκλόσπιτο
das Puppenhaus
δώρο
das Geschenk

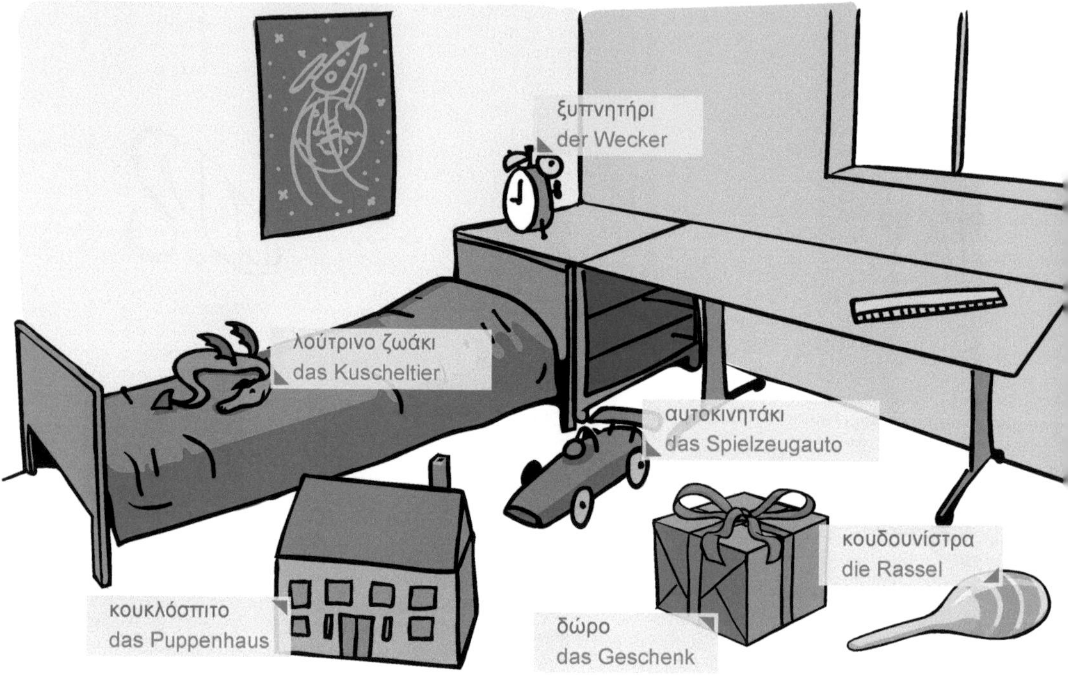

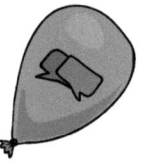

μπαλόνι

der Ballon

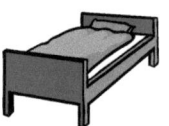

κρεβάτι

das Bett

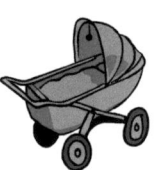

καροτσάκι

der Kinderwagen

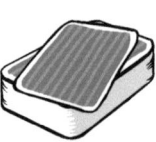

τράπουλα

das Kartenspiel

παζλ

das Puzzle

SUPER MEGA

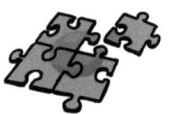

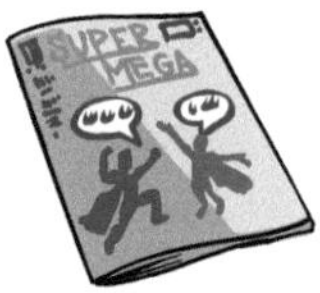

κόμικς

der Comic

τουβλάκια lego

die Legosteine

τουβλάκια κατασκευών

die Bausteine

φιγούρα δράσης

die Actionfigur

βρεφικό φορμάκι

der Strampelanzug

φρίσμπι

das Frisbee

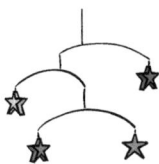

μόμπιλο

das Mobile

επιτραπέζιο παιχνίδι

das Brettspiel

ζάρια

der Würfel

σετ τρενάκι

die Modelleisenbahn

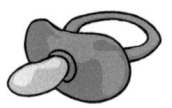

πιπίλα

der Schnuller

πάρτι

die Party

εικονογραφημένο βιβλίο

das Bilderbuch

μπάλα

der Ball

κούκλα

die Puppe

παίζω

spielen

σκάμμα με άμμο

der Sandkasten

κούνια

die Schaukel

παιχνίδια

das Spielzeug

κονσόλα βιντεοπαιχνιδιών

die Spielkonsole

τρίκυκλο

das Dreirad

αρκουδάκι

der Teddy

ντουλάπα

der Kleiderschrank

ρούχα
die Kleidung

κάλτσες

die Socken

καλτσοδέτες

die Strümpfe

καλσόν

die Strumpfhose

κασκόλ
der Schal

ομπρέλα
der Regenschirm

μπλουζάκι
das T-Shirt

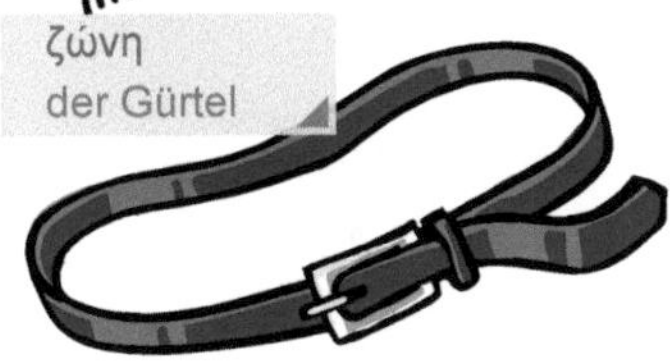

ζώνη
der Gürtel

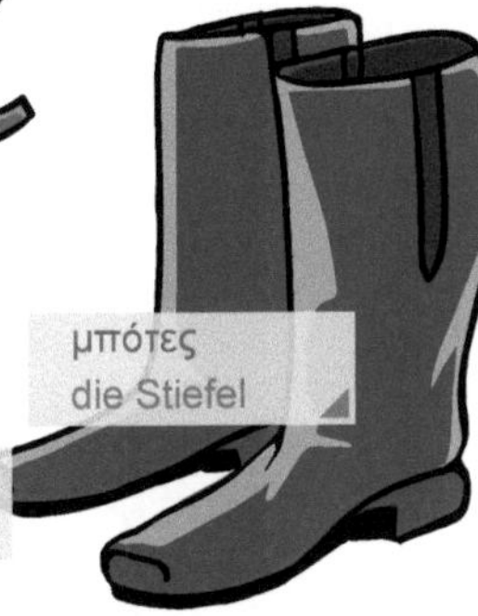

μπότες
die Stiefel

παντόφλες
die Hausschuhe

αθλητικά παπούτσια
die Turnschuhe

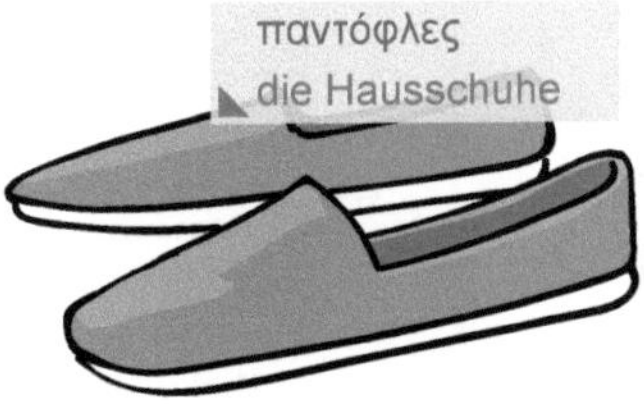

σανδάλια
....
die Sandalen

παπούτσια
....
die Schuhe

γαλότσες
....
die Gummistiefel

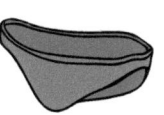

εσώρουχο
....
die Unterhose

σουτιέν
....
der Büstenhalter

φανέλα
....
das Unterhemd

σώμα

der Body

παντελόνι

die Hose

τζιν παντελόνι

die Jeans

φούστα

der Rock

μπλούζα

die Bluse

πουκάμισο

das Hemd

πουλόβερ

der Pullover

πουλόβερ

der Kapuzenpullover

σακάκι

der Blazer

μπουφάν

die Jacke

παλτό

der Mantel

αδιάβροχο πανωφόρι

der Regenmantel

κοστούμι

das Kostüm

φόρεμα

das Kleid

νυφικό

das Hochzeitskleid

ρούχα - die Kleidung

κοστούμι

der Anzug

νυχτικό

das Nachthemd

πιτζάμες

der Pyjama

σάρι

der Sari

μαντήλι

das Kopftuch

τουρμπάνι

der Turban

μπούρκα

die Burka

καφτάνι

der Kaftan

μουσουλμανικό ένδυμα

die Abaya

ολόσωμο μαγιό

der Badeanzug

ανδρικό μαγιό

die Badehose

σορτς

die kurze Hose

αθλητική φόρμα

der Jogginganzug

ποδιά

die Schürze

γάντια

die Handschuhe

ρούχα - die Kleidung

κουμπί

der Knopf

γυαλιά

die Brille

βραχιόλι

das Armband

περιδέραιο

die Halskette

δαχτυλίδι

der Ring

σκουλαρίκι

der Ohrring

καπέλο

die Mütze

κρεμάστρα

der Kleiderbügel

καπέλο

der Hut

γραβάτα

die Krawatte

φερμουάρ

der Reißverschluss

κράνος

der Helm

τιράντες

der Hosenträger

μαθητική στολή

die Schuluniform

στολή

die Uniform

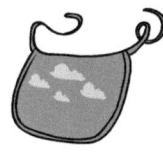

σαλιάρα

das Lätzchen

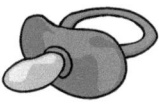

πιπίλα

der Schnuller

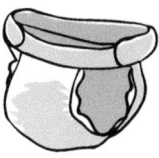

πάνα

die Windel

γραφείο

das Büro

σέρβερ
der Server
αρχειοθήκη
der Aktenschrank
εκτυπωτής
der Drucker
χαρτί
das Papier
οθόνη
der Monitor
ποντίκι
die Maus
γραφείο
der Schreibtisch
ντοσιέ
der Ordner
πληκτρολόγιο
die Tastatur
καλάθι αχρήστων
der Papierkorb
υπολογιστής
der Computer
καρέκλα
der Sessel

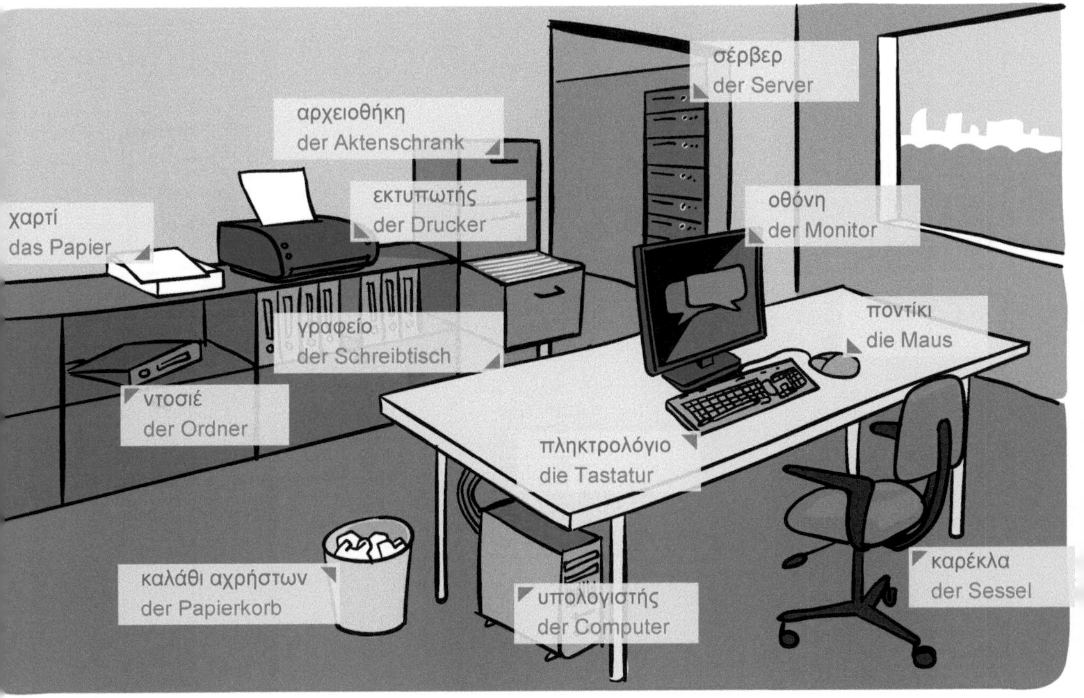

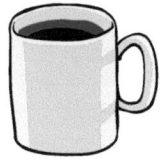

κούπα του καφέ

der Kaffeebecher

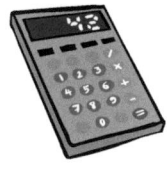

κομπιουτεράκι

der Taschenrechner

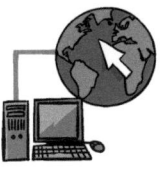

ίντερνετ

das Internet

λάπτοπ

der Laptop

γράμμα

der Brief

μήνυμα

die Nachricht

κινητό

das Handy

δίκτυο

das Netzwerk

φωτοτυπικό μηχάνημα

der Kopierer

λογισμικό

die Software

τηλέφωνο

das Telefon

πρίζα

die Steckdose

συσκευή φαξ

das Fax

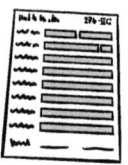

έντυπο

das Formular

έγγραφο

das Dokument

αγοράζω

kaufen

πληρώνω

bezahlen

συναλλάσσομαι

handeln

χρήματα

das Geld

δολάριο

der Dollar

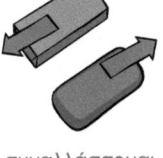

ευρώ

der Euro

γιεν

der Yen

ρούβλι

der Rubel

ελβετικό φράγκο

der Franken

ρενμίνμπι γιουάν

der Renminbi Yuan

ρουπία

die Rupie

ATM (αυτόματη ταμειακή μηχανή)

der Bankomat

ανταλλακτήρια
συναλλάγματος

die Wechselstube

χρυσός

das Gold

ασήμι

das Silber

πετρέλαιο

das Öl

ενέργεια

die Energie

τιμή

der Preis

συμβόλαιο

der Vertrag

φόρος

die Steuer

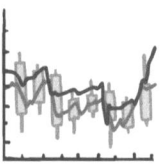

μετοχή

die Aktie

δουλεύω

arbeiten

υπάλληλος

der Angestellte

εργοδότης

der Arbeitgeber

εργοστάσιο

die Fabrik

κατάστημα

das Geschäft

επαγγέλματα
die Berufe

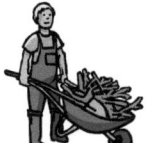

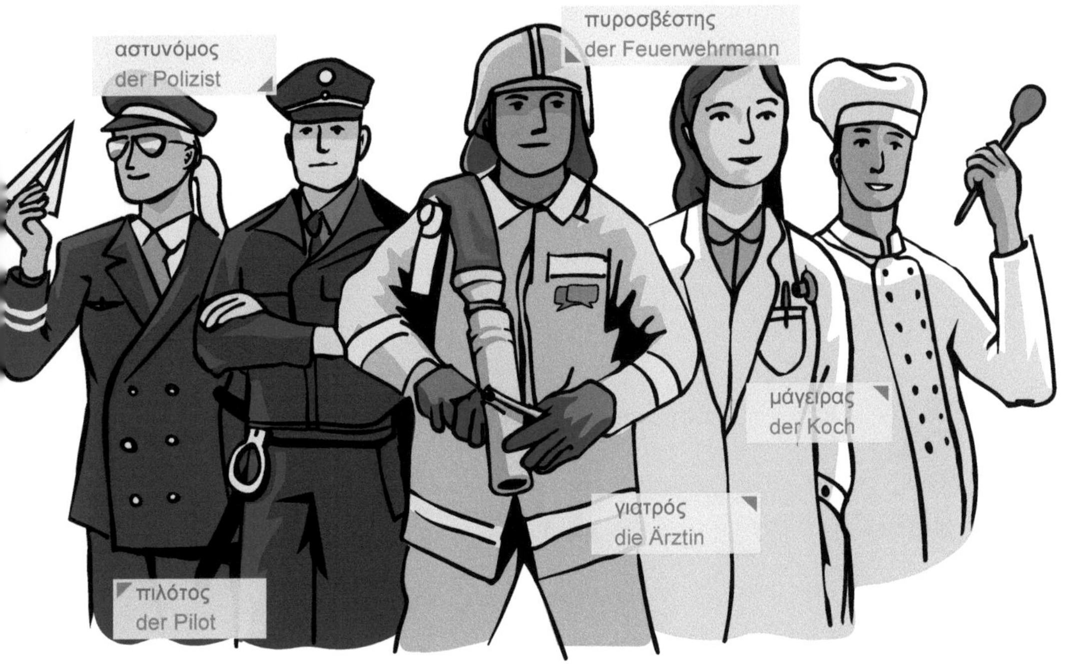

αστυνόμος
der Polizist
πυροσβέστης
der Feuerwehrmann
μάγειρας
der Koch
γιατρός
die Ärztin
πιλότος
der Pilot

κηπουρός

der Gärtner

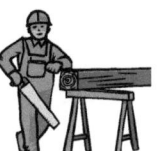

ξυλουργός

der Tischler

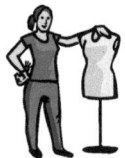

μοδίστρα

die Schneiderin

δικαστής

der Richter

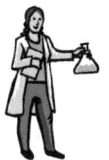

χημικός

die Chemikerin

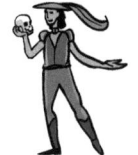

ηθοποιός

der Schauspieler

οδηγός λεωφορείου

der Busfahrer

ταξιτζής

der Taxifahrer

ψαράς

der Fischer

καθαρίστρια

die Putzfrau

τεχνίτης στεγών

der Dachdecker

σερβιτόρος

der Kellner

κυνηγός

der Jäger

ζωγράφος

der Maler

αρτοποιός

der Bäcker

ηλεκτρολόγος

der Elektriker

οικοδόμος

der Bauarbeiter

μηχανολόγος

der Ingenieur

κρεοπώλης

der Schlachter

υδραυλικός

der Installateur

ταχυδρόμος

die Briefträgerin

στρατιώτης

der Soldat

αρχιτέκτονας

der Architekt

ταμίας

die Kassiererin

ανθοπώλης

die Blumenhändlerin

κομμωτής

der Friseur

ελεγκτής εισιτηρίων

der Schaffner

μηχανικός

der Mechaniker

καπετάνιος

der Kapitän

οδοντίατρος

die Zahnärztin

επιστήμονας

der Wissenschaftler

ραβίνος

der Rabbi

ιμάμης

der Imam

μοναχός

der Mönch

ιερέας

der Pfarrer

εργαλεία

die Werkzeuge

σφυρί
der Hammer
πένσα
die Zange
κατσαβίδι
der Schraubenzieher
Γαλλικό κλειδί
der Schraubenschlüssel
φακός
die Taschenlam

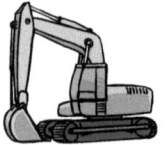

εκσκαφέας

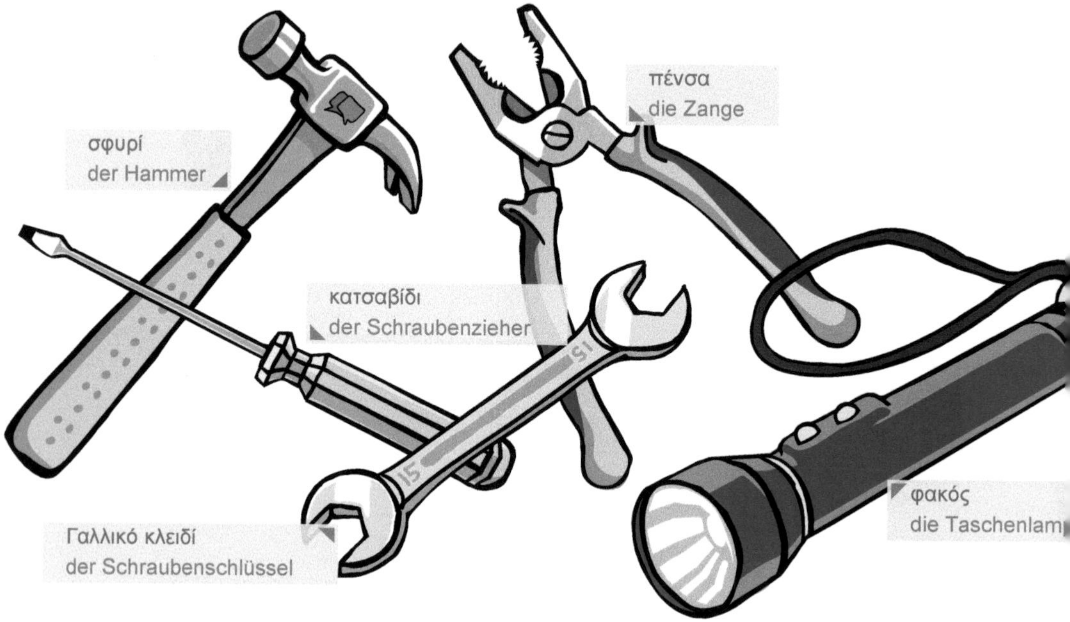

der Bagger

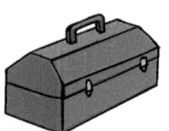

εργαλειοθήκη

der Werkzeugkasten

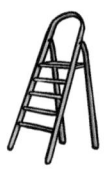

σκάλα

die Leiter

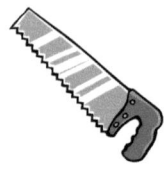

πριόνι

die Säge

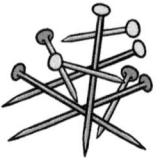

καρφιά

die Nägel

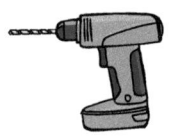

τρυπάνι

der Bohrer

επισκευάζω

reparieren

φτυάρι

die Schaufel

Να πάρει!

Scheiße!

φαράσι

die Kehrschaufel

δοχείο χρωμάτων

der Farbtopf

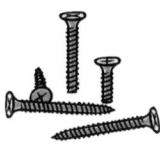

βίδες

die Schrauben

μουσικά όργανα
die Musikinstrumente

ντραμς
das Schlagzeug

μεγάφωνο
der Lautsprecher

κιθάρα
die Gitarre

κοντραμπάσο
der Kontrabass

τρομπέτα
die Trompete

πιάνο

das Klavier

βιολί

die Violine

μπάσο

der Bass

τύμπανα

die Pauke

τύμπανο

die Trommeln

πλήκτρα

die Tastatur

σαξόφωνο

das Saxophon

φλάουτο

die Flöte

μικρόφωνο

das Mikrofon

ζωολογικός κήπος

der Zoo

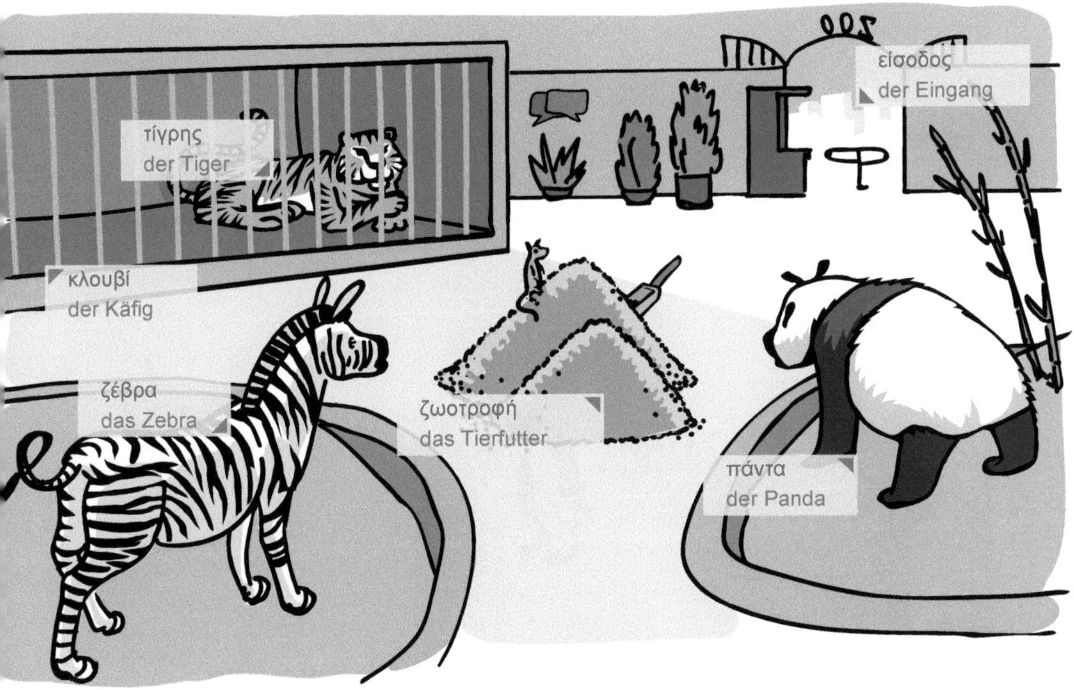

είσοδος
der Eingang
τίγρης
der Tiger
κλουβί
der Käfig
ζέβρα
das Zebra
ζωοτροφή
das Tierfutter
πάντα
der Panda

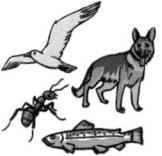

ζώα

die Tiere

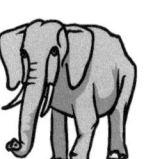

ελέφαντας

der Elefant

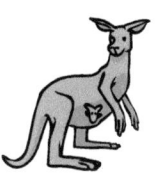

καγκουρό

das Känguru

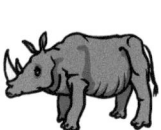

ρινόκερος

das Nashorn

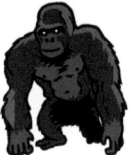

γορίλας

der Gorilla

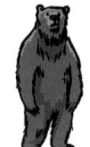

αρκούδα

der Bär

καμήλα

das Kamel

στρουθοκάμηλος

der Strauß

λιοντάρι

der Löwe

πίθηκος

der Affe

φλαμίνγκο

der Flamingo

παπαγάλος

der Papagei

πολική αρκούδα

der Eisbär

πιγκουίνος

der Pinguin

καρχαρίας

der Hai

παγώνι

der Pfau

φίδι

die Schlange

κροκόδειλος

das Krokodil

φύλακας ζωολογικού κήπου

der Zoowärter

φώκια

die Robbe

τζάγκουαρ

der Jaguar

πόνυ

das Pony

λεοπάρδαλη

der Leopard

ιπποπόταμος

das Nilpferd

καμηλοπάρδαλη

die Giraffe

αετός

der Adler

αγριογούρουνο

das Wildschwein

ψάρι

der Fisch

χελώνα

die Schildkröte

θαλάσσιος ίππος

das Walross

αλεπού

der Fuchs

γαζέλα

die Gazelle

Αμερικάνικο ποδόσφαιρο
das American Football

ποδηλασία
das Radfahren

αντισφαίριση
das Tennis

μπάσκετ
der Basketball

κολύμβηση
das Schwimmen

πυγμαχία
das Boxen

χόκεϋ επί πάγου
das Eishockey

ποδόσφαιρο
der Fußball

μπάντμιντον
das Badminton

στίβος
die Leichtathletik

χάντμπολ
der Handball

σκι
das Skifahren

πόλο
das Polo

δραστηριότητες
die Aktivitäten

γελάω
lachen
πηδάω
springen
αγκαλιάζω
umarmen
περπατάω
gehen
τραγουδάω
singen
ονειρεύομαι
träumen
προσεύχομαι
beten
φιλάω
küssen

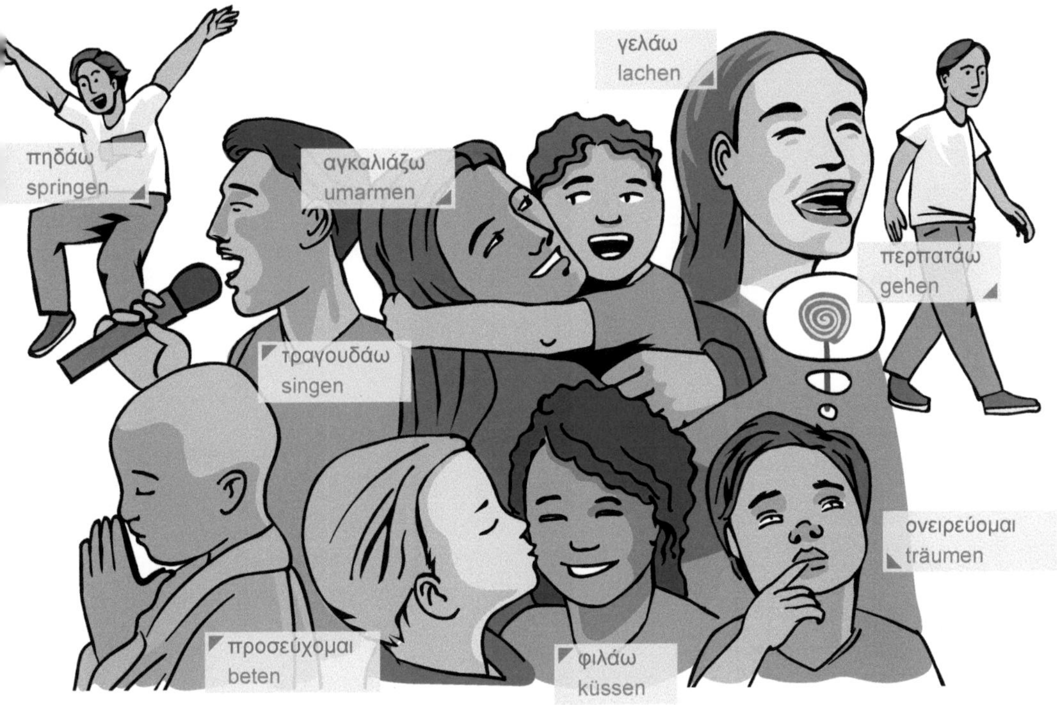

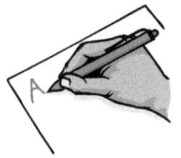

γράφω
schreiben

σχεδιάζω
zeichnen

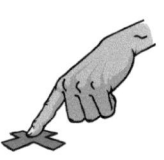

δείχνω
zeigen

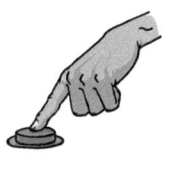

πιέζω
drücken

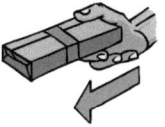

δίνω
geben

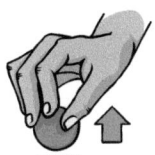

παίρνω
nehmen

έχω

haben

κάνω

machen

είμαι

sein

στέκομαι

stehen

τρέχω

laufen

τραβάω

ziehen

ρίχνω

werfen

πέφτω

fallen

ξαπλώνω

liegen

περιμένω

warten

κουβαλώ

tragen

κάθομαι

sitzen

φοράω

anziehen

κοιμάμαι

schlafen

ξυπνάω

aufwachen

κοιτάω

ansehen

κλαίω

weinen

χαϊδεύω

streicheln

χτενίζω

frisieren

μιλάω

reden

καταλαβαίνω

verstehen

ρωτάω

fragen

ακούω

hören

πίνω

trinken

τρώω

essen

συγυρίζω

zusammenräumen

αγαπάω

lieben

μαγειρεύω

kochen

οδηγώ

fahren

πετάω

fliegen

δραστηριότητες - die Aktivitäten

κάνω ιστιοπλοΐα

segeln

υπολογίζω

rechnen

διαβάζω

lesen

μαθαίνω

lernen

δουλεύω

arbeiten

παντρεύομαι

heiraten

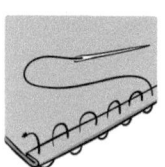

ράβω

nähen

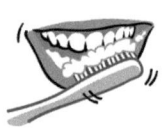

βουρτσίζω τα δόντια

Zähne putzen

σκοτώνω

töten

καπνίζω

rauchen

στέλνω

senden

αγιά
e Großmutter

παππούς
der Großvater

πατέρας
der Vater

μητέρα
die Mutter

μωρό
das Baby

κόρη
die Tochter

γιος
der Sohn

καλεσμένος
der Gast

θεία
die Tante

θείος
der Onkel

αδελφός
der Bruder

αδελφή
die Schwester

σώμα

der Körper

μέτωπο
die Stirn
μάτι
das Auge
ώμος
die Schulter
δάχτυλο
der Finger
πρόσωπο
das Gesicht
πιγούνι
das Kinn
χέρι
die Hand
στήθος
die Brust
πόδι
das Bein
βραχίονας
der Arm

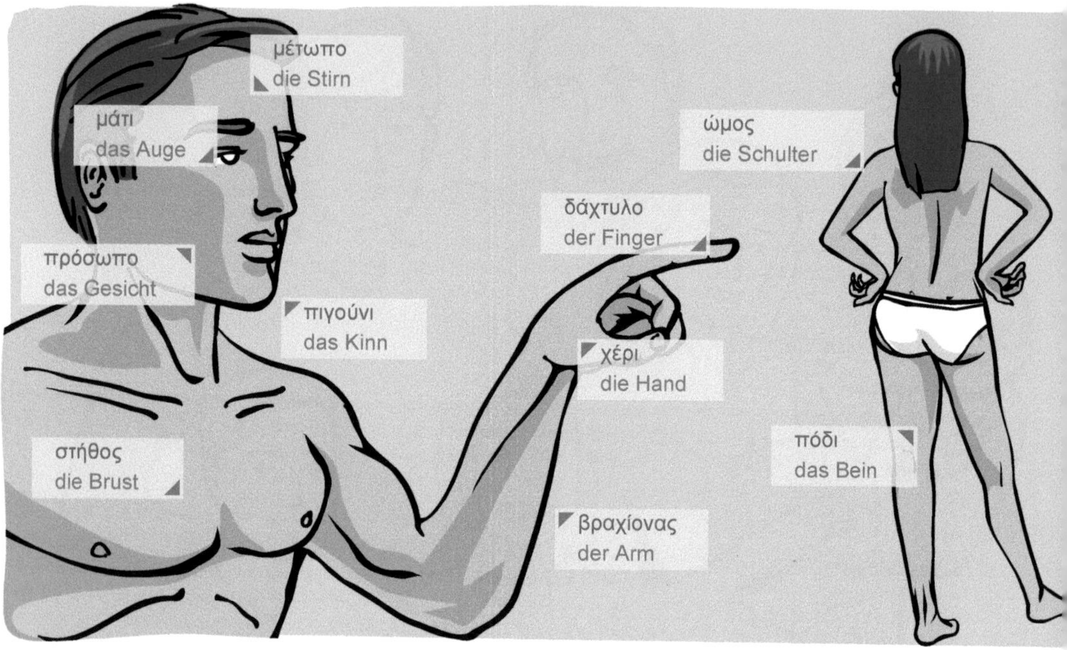

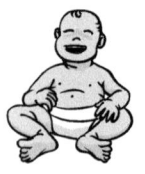

μωρό

das Baby

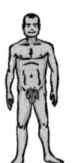

άνδρας

der Mann

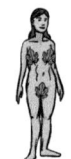

γυναίκα

die Frau

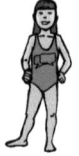

κορίτσι

das Mädchen

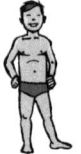

αγόρι

der Junge

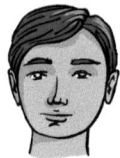

κεφάλι

der Kopf

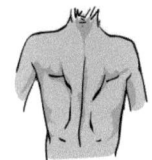

πλάτη

der Rücken

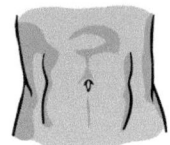

κοιλιά

der Bauch

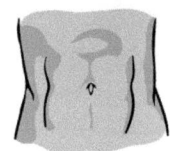

αφαλός

der Nabel

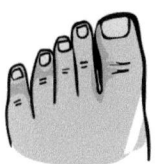

δάχτυλο ποδιού

der Zeh

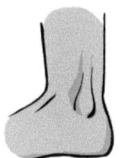

φτέρνα

die Ferse

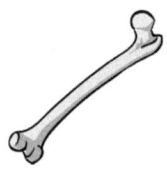

κόκκαλο

der Knochen

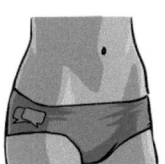

γοφός

die Hüfte

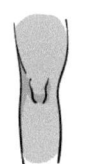

γόνατο

das Knie

αγκώνας

der Ellbogen

μύτη

die Nase

γλουτός

das Gesäß

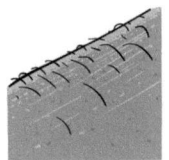

δέρμα

die Haut

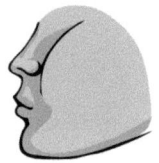

μάγουλο

die Wange

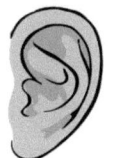

αυτί

das Ohr

χείλος

die Lippe

σώμα - der Körper

στόμα

der Mund

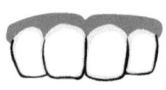

δόντι

der Zahn

γλώσσα

die Zunge

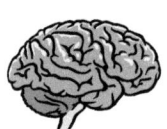

εγκέφαλος

das Gehirn

καρδιά

das Herz

μυς

der Muskel

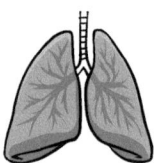

πνεύμονας

die Lunge

συκώτι

die Leber

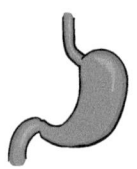

στομάχι

der Magen

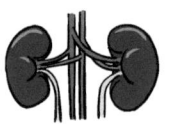

νεφρά

die Nieren

σεξουαλική επαφή

der Geschlechtsverkehr

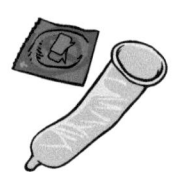

προφυλακτικό

das Kondom

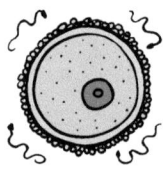

ωάριο

die Eizelle

σπέρμα

das Sperma

εγκυμοσύνη

die Schwangerschaft

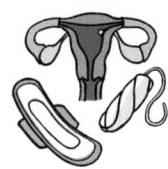

περίοδος

die Menstruation

γυναικείος κόλπος

die Vagina

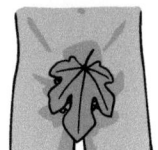

πέος

der Penis

φρύδι

die Augenbraue

μαλλιά

das Haar

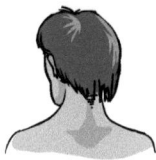

λαιμός

der Hals

νοσοκομείο
das Spital

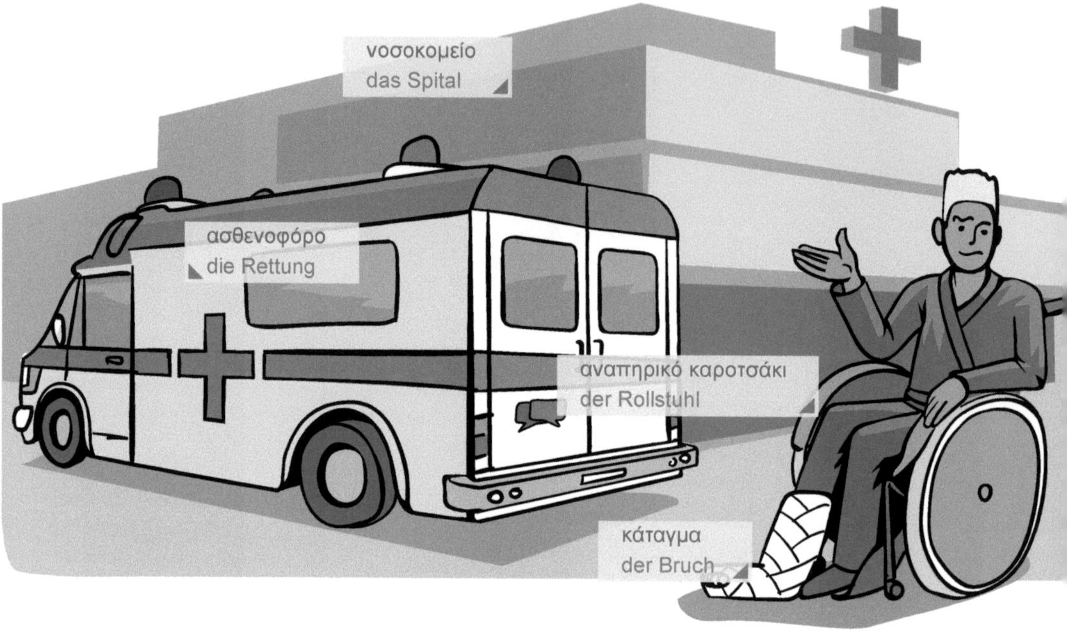

νοσοκομείο
das Spital
ασθενοφόρο
die Rettung
αναπηρικό καροτσάκι
der Rollstuhl
κάταγμα
der Bruch

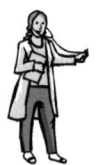

γιατρός

die Ärztin

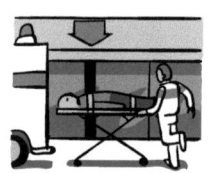

μονάδα εντατικής θεραπείας

die Notaufnahme

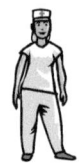

νοσοκόμα

die Krankenschwester

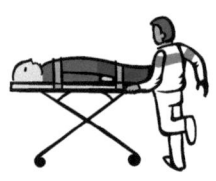

έκτακτη ανάγκη

der Notfall

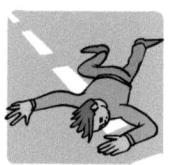

λιπόθυμος

ohnmächtig

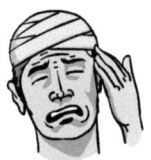

πόνος

der Schmerz

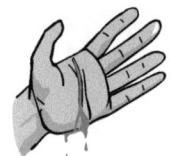

τραύμα

die Verletzung

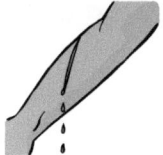

αιμορραγία

die Blutung

έμφραγμα

der Herzinfarkt

εγκεφαλικό

der Schlaganfall

αλλεργία

die Allergie

βήχας

der Husten

πυρετός

das Fieber

γρίπη

die Grippe

διάρροια

der Durchfall

πονοκέφαλος

die Kopfschmerzen

καρκίνος

der Krebs

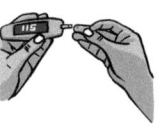

διαβήτης

die Diabetes

χειρουργός

der Chirurg

νυστέρι

das Skalpell

εγχείρηση

die Operation

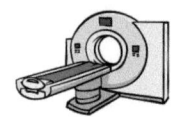

αξονική τομογραφία

das CT

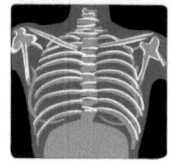

ακτινογραφία

das Röntgen

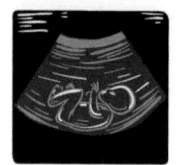

υπέρηχος

der Ultraschall

μάσκα

die Maske

ασθένεια

die Krankheit

αίθουσα αναμονής

das Wartezimmer

πατερίτσα

die Krücke

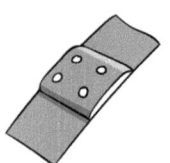

χάνσαπλαστ

das Pflaster

επίδεσμος

der Verband

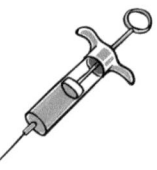

ένεση

die Injektion

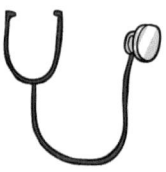

στηθοσκόπιο

das Stethoskop

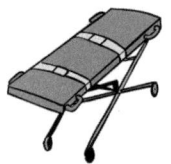

φορείο

die Trage

θερμόμετρο

das Thermometer

γέννηση

die Geburt

υπέρβαρο

das Übergewicht

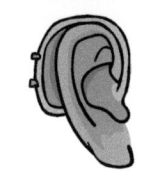

ακουστικό βαρηκοΐας
das Hörgerät

αντισηπτικό
das Desinfektionsmittel

λοίμωξη
die Infektion

ιός
das Virus

HIV/AIDS
das HIV / AIDS

φάρμακο
die Medizin

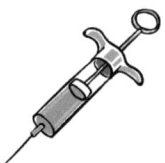

εμβολιασμός
die Impfung

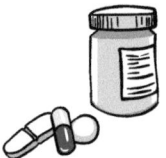

δισκία
die Tabletten

χάπι
die Pille

κλήση έκτακτης ανάγκης
der Notruf

πιεσόμετρο αίματος
der Blutdruckmesser

άρρωστος / υγιής
krank / gesund

Βοήθεια!

Hilfe!

συναγερμός

der Alarm

βιαιοπραγία

der Überfall

επίθεση

der Angriff

κίνδυνος

die Gefahr

έξοδος κινδύνου

der Notausgang

Φωτιά!

Feuer!

πυροσβεστήρας

der Feuerlöscher

ατύχημα

der Unfall

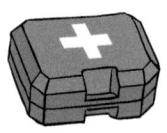

κουτί πρώτων βοηθειών

der Erste-Hilfe-Koffer

SOS

SOS

αστυνομία

die Polizei

Ευρώπη

das Europa

Βόρεια Αμερική

das Nordamerika

Νότια Αμερική

das Südamerika

Αφρική

das Afrika

Ασία

das Asien

Αυστραλία

das Australien

Ατλαντικός Ωκεανός

der Atlantik

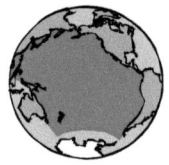

Ειρηνικός Ωκεανός

der Pazifik

Ινδικός Ωκεανός

der Indische Ozean

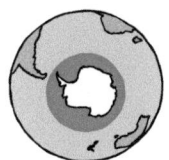

Ανταρκτικός Ωκεανός

der Antarktische Ozean

Αρκτικός Ωκεανός

der Arktische Ozean

Βόρειος Πόλος

der Nordpol

Νότιος Πόλος
der Südpol

Ανταρκτική
die Antarktis

Γη
die Erde

γη
das Land

θάλασσα
das Meer

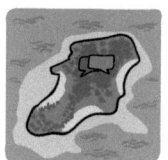

νησί
die Insel

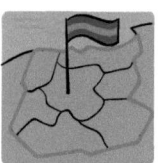

έθνος
die Nation

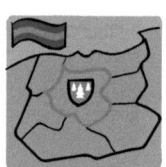

πολιτεία
der Staat

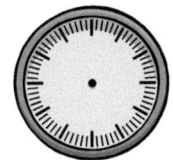

καντράν ρολογιού

das Ziffernblatt

ωροδείκτης

der Stundenzeiger

λεπτοδείκτης

der Minutenzeiger

δείκτης δευτερολέπτων

der Sekundenzeiger

Τι ώρα είναι;

Wie spät ist es?

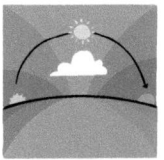

ημέρα

der Tag

χρόνος

die Zeit

τώρα

jetzt

ψηφιακό ρολόι

die Digitaluhr

λεπτό

die Minute

ώρα

die Stunde

εβδομάδα
die Woche

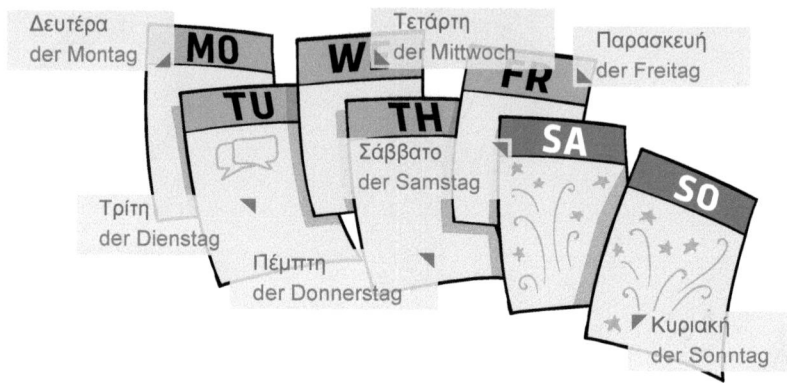

Δευτέρα
der Montag

Τετάρτη
der Mittwoch

Παρασκευή
der Freitag

Τρίτη
der Dienstag

Σάββατο
der Samstag

Πέμπτη
der Donnerstag

Κυριακή
der Sonntag

χθες
....
gestern

σήμερα
....
heute

αύριο
....
morgen

πρωί
....
der Morgen

μεσημέρι
....
der Mittag

βράδυ
....
der Abend

εργάσιμες ημέρες
....
die Arbeitstage

Σαββατοκύριακο
....
das Wochenende

βροχή
der Regen

ουράνιο τόξο
der Regenbogen

χιόνι
der Schnee

άνεμος
der Wind

άνοιξη
der Frühling

φθινόπωρο
der Herbst

καλοκαίρι
der Sommer

χειμώνας
der Winter

4.APRIL	11°	☀
5.APRIL	4°	☁
6.APRIL	13°	☁
7.APRIL	8°	☀
8.APRIL	10°	☀

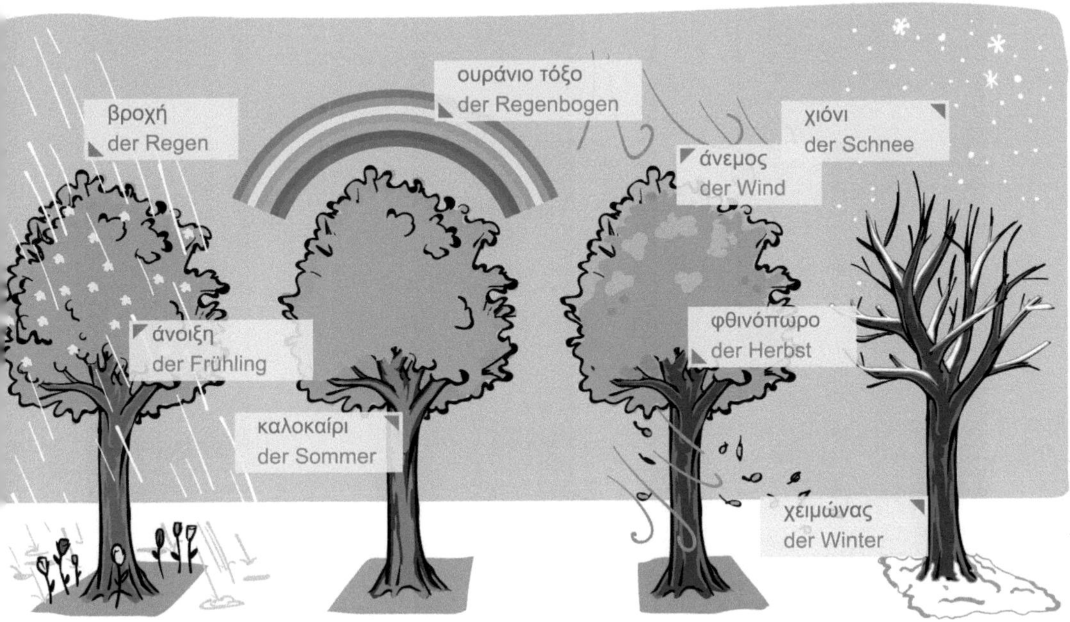

πρόγνωση καιρού

die Wettervorhersage

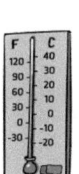

θερμόμετρο

das Thermometer

λιακάδα

der Sonnenschein

σύννεφο

die Wolke

ομίχλη

der Nebel

υγρασία

die Luftfeuchtigkeit

αστραπή

der Blitz

κεραυνός

der Donner

καταιγίδα

der Sturm

χαλάζι

der Hagel

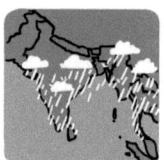

μουσώνας

der Monsun

πλημμύρα

die Flut

πάγος

das Eis

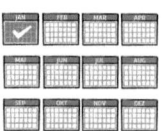

Ιανουάριος

der Jänner

Φεβρουάριος

der Februar

Μάρτιος

der März

Απρίλιος

der April

Μάιος

der Mai

Ιούνιος

der Juni

Ιούλιος

der Juli

Αύγουστος

der August

έτος - das Jahr

Σεπτέμβριος

der September

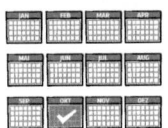

Οκτώβριος

der Oktober

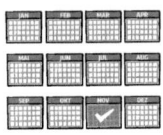

Νοέμβριος

der November

Δεκέμβριος

der Dezember

σχήματα
die Formen

κύκλος

der Kreis

τετράγωνο

das Quadrat

ορθογώνιο
παραλληλόγραμμο
das Rechteck

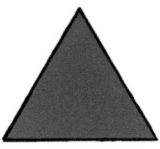

τρίγωνο

das Dreieck

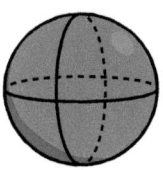

σφαίρα

die Kugel

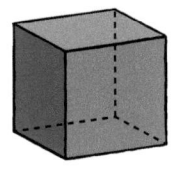

κύβος

der Würfel

χρώματα
die Farben

άσπρο

weiß

κίτρινο

gelb

πορτοκαλί

orange

ροζ

pink

κόκκινο

rot

μωβ

lila

μπλε

blau

πράσινο

grün

καφέ

braun

γκρι

grau

μαύρο

schwarz

πολύ / λίγο

viel / wenig

θυμωμένος / ήρεμος

wütend / friedlich

όμορφος / άσχημος

hübsch / hässlich

αρχή / τέλος

der Anfang / das Ende

μεγάλος / μικρός

groß / klein

φωτεινός / σκοτεινός

hell / dunkel

αδελφός / αδελφή

der Bruder / die Schwester

καθαρός / λερωμένος

sauber / schmutzig

πλήρης / ατελής

vollständig / unvollständig

ημέρα / νύχτα

der Tag / die Nacht

νεκρός / ζωντανός

tot / lebendig

φαρδύς / στενός

breit / schmal

βρώσιμος / μη βρώσιμος

genießbar / ungenießbar

κακός / ευγενικός

böse / freundlich

ενθουσιασμένος / βαριεστημένος

aufgeregt / gelangweilt

παχύς / λεπτός

dick / dünn

πρώτος / τελευταίος

zuerst / zuletzt

φίλος / εχθρός

der Freund / der Feind

γεμάτος / άδειος

voll / leer

σκληρός / μαλακός

hart / weich

βαρύς / ελαφρύς

schwer / leicht

πείνα / δίψα

der Hunger / der Durst

άρρωστος / υγιής

krank / gesund

παράνομος / νόμιμος

illegal / legal

έξυπνος / χαζός

gescheit / dumm

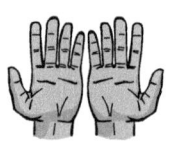

αριστερός / δεξιός

links / rechts

κοντινός / μακρινός

nah / fern

καινούριος /
μεταχειρισμένος

neu / gebraucht

τίποτα / κάτι

nichts / etwas

γέρος | νέος

alt / jung

αναμμένος / σβηστός

an / aus

ανοιχτός / κλειστός

offen / geschlossen

χαμηλόφωνος /
μεγαλόφωνος
leise / laut

πλούσιος / φτωχός

reich / arm

σωστός / λανθασμένος

richtig / falsch

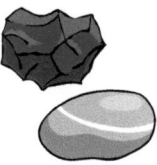

τραχύς / λείος

rau / glatt

λυπημένος / χαρούμενος

traurig / glücklich

κοντός / μακρύς

kurz / lang

αργός / γρήγορος

langsam / schnell

υγρός / στεγνός

nass / trocken

ζεστός / δροσερός

warm / kühl

πόλεμος / ειρήνη

der Krieg / der Frieden

αντίθετα - die Gegenteile

0

μηδέν
null

1

ένα
eins

2

δύο
zwei

3

τρία
drei

4

τέσσερα
vier

5

πέντε
fünf

6

έξι
sechs

7

εφτά
sieben

8

οκτώ
acht

9

εννιά
neun

10

δέκα
zehn

11

έντεκα
elf

12

δώδεκα
zwölf

13

δεκατρία
dreizehn

14

δεκατέσσερα
vierzehn

15

δεκαπέντε
fünfzehn

16

δεκαέξι
sechzehn

17

δεκαεφτά
siebzehn

18

δεκαοκτώ
achtzehn

19

δεκαεννέα
neunzehn

20

είκοσι
zwanzig

100

εκατό
hundert

1.000

χίλια
tausend

1.000.000

εκατομμύριο
Million

Αγγλικά

Englisch

Αμερικάνικα Αγγλικά

Amerikanisches Englisch

Μανδαρίνικα Κινέζικα

Chinesisch (Mandarin)

Χίντι

Hindi

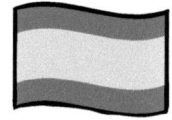

Ισπανικά

Spanisch

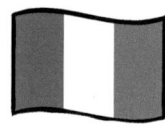

Γαλλικά

Französisch

Αραβικά

Arabisch

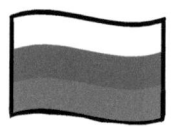

Ρώσικα

Russisch

Πορτογαλικά

Portugiesisch

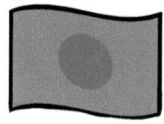

Μπενγκάλι

Bengalisch

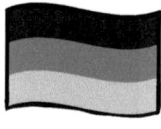

Γερμανικά

Deutsch

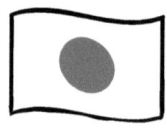

Ιαπωνικά

Japanisch

εγώ

ich

εσύ

du

αυτός / αυτή / αυτό

er / sie / es

εμείς

wir

εσείς

ihr

αυτοί / αυτές / αυτά

sie

ποιος / ποια / ποιο;

Wer?

τι;

Was?

πώς;

Wie?

πού;

Wo?

πότε;

Wann?

όνομα

Name

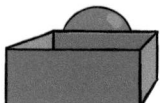

πίσω

hinter

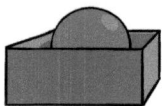

μέσα

in

μπροστά

vor

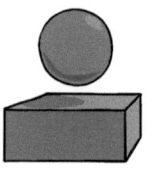

πάνω από

über

πάνω

auf

κάτω

unter

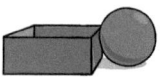

δίπλα

neben

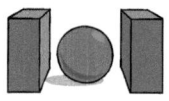

ανάμεσα

zwischen

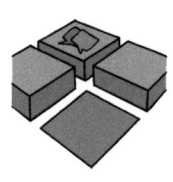

μέρος

der Ort